法韵中华

古代篇

法文化创意产品中心 编著

法律出版社
LAW PRESS·CHINA

一
月

JANUARY

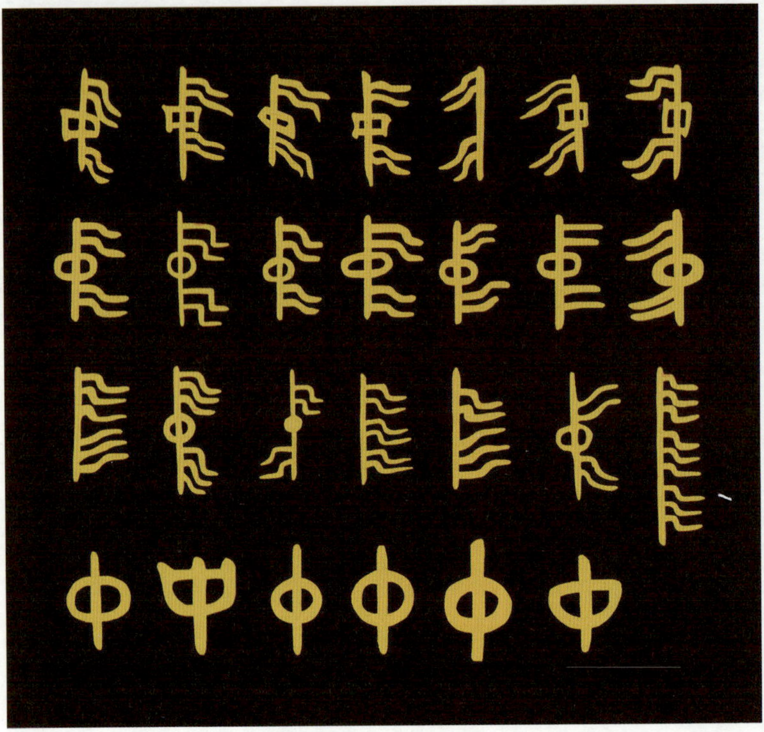

中

“中”字字形像军队中迎风招展的将帅大旗。

上图四排字形中，第一排是“中”字的甲骨文，下面三排是“中”字的金文。*

*本书中所引用与法律有关的汉字甲骨文和金文的统计来源于汉字字源网。

Monday

Jan. 1

2018

2018 年

1 月 1 日

元旦

1

农历丁酉年·十一月十五

星期一

华（華）

甲骨文像一棵树满是花枝的样子，金文与甲骨文有些不同。“华”的本义是木本植物开花，《尔雅·释草》释义：木谓之华，草谓之荣。《说文解字》：华，荣也。上图第一排是“华”字的甲骨文写法，第二排和第三排是“华”字的金文写法，第四排和第五排是“华”字的篆书字形。

Tuesday

Jan. 2

2018

2018 年

1 月 2 日

2

农历丁酉年・十一月十六

星期二

宪（憲）

在甲骨文中至今没有发现“宪”字，在金文中有九种字形（最上面两排），金文“宪”字，上面像一个网罩，下部“目”是指人的眼睛；第二排不仅有“目”，下面还有“心”。造字本义：限制个人偏见、私欲的最高法令。下面两排“宪”的篆字来源于《订正六书通》十卷，这十四个篆字字形基本都遵循了金文字形的本意。

Wednesday

Jan. 3

2018

2018 年

1 月 3 日

3

农历丁酉年・十一月十七

星期三

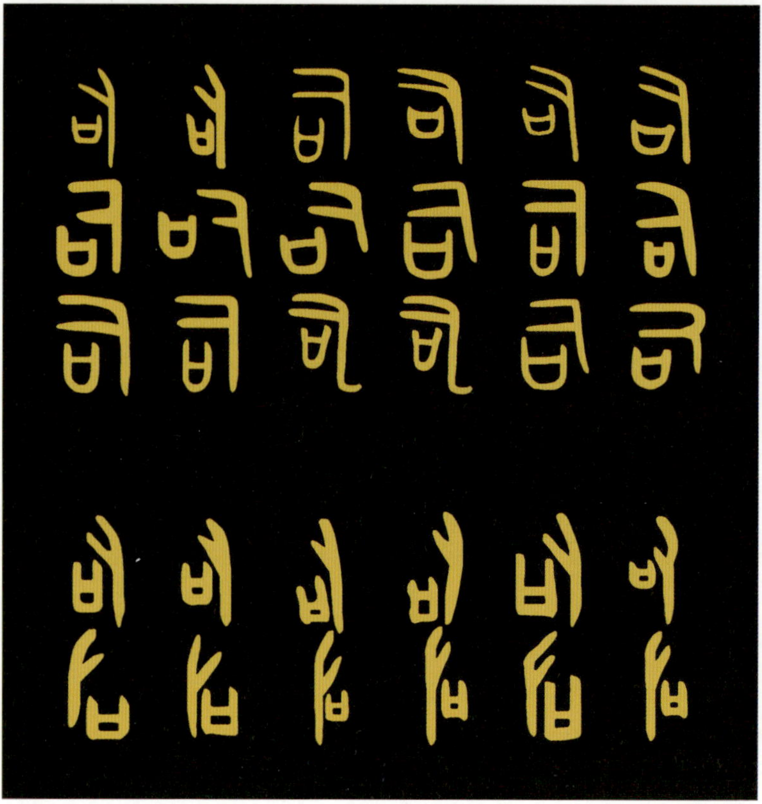

司、后

前三排为“司”字的甲骨文（第一排左侧两个）和金文字形。后两排是“后”字的甲骨文字形。“司”与“后”同源，后分化。

Thursday

Jan. 4

2018

2018 年

1 月 4 日

4

农历丁酉年・十一月十八

星期四

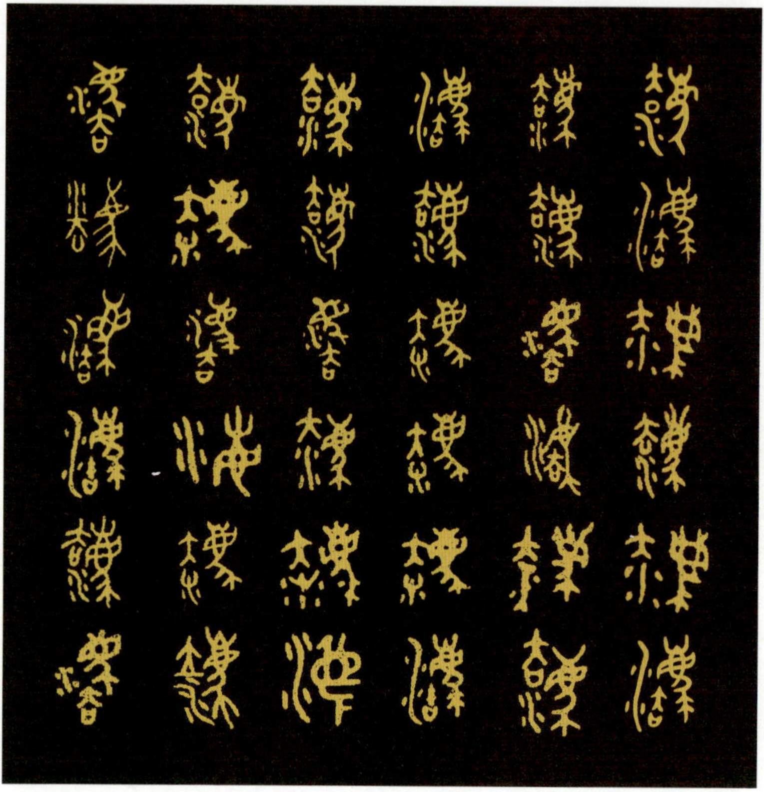

瀍*

上图是金文和篆文中三十六种“瀍”字的写法。目前经众多学者考证的“瀍”字的金文和篆文有超过八十种写法。目前没有发现“瀍”字的甲骨文字形。造字本义：人类从自然中的水、麃（疑似鹿的一种祥和的动物）等领悟并践行的生存之道，暗合宇宙万物的本质精神，天人合一、顺其自然的最高行事准则。

* 以上字形来源于张永和主编：《瀍问》，清华大学出版社 2010 年版。

Friday

Jan. 5

2018

2018 年

1 月 5 日

小寒

5

农历丁酉年·十一月十九

星期五

律、聿、建

第一排是“律”的五种甲骨文写法。第二排是“律”字的金文和金文大篆写法。“聿”既是声旁也是形旁，是“筆”的本字，表示书写。“律”字的“行字边”表示有秩序地书写，引申为书写在册的行事准则。造字本义：写入法典、供人们处事遵行的条文、规则、法规。第三排是“聿”字的甲骨文写法。“聿”字的本义是握管书写。第四排是“建”字的金文写法。“建”字的造字本义是辟山为址，筑墙造屋。《说文解字》的意思是“立朝律也”——定立朝庭法律。

Saturday

Jan. 6

2018

2018 年

1 月 6 日

6

农历丁酉年・十一月二十

星期六

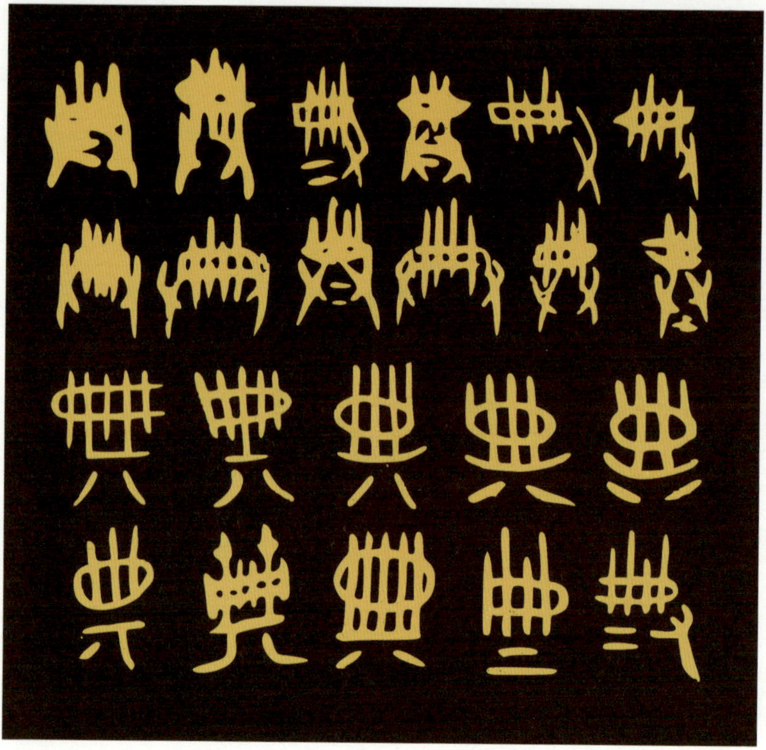

典

前两排是“典”字的十二种甲骨文写法，第三排和第四排是“典”字的金文写法。典，大册也。造字本义：主持事务的官吏双手恭敬地捧着古哲先贤的著作，以之为据进行判断和评价。《说文解字》：典，五帝之书也。《周礼·大司寇》：掌建邦之三典，轻典、中典、重典也。

Sunday

Jan. 7

2018

2018 年

1 月 7 日

7

农历丁酉年・十一月廿一

星期日

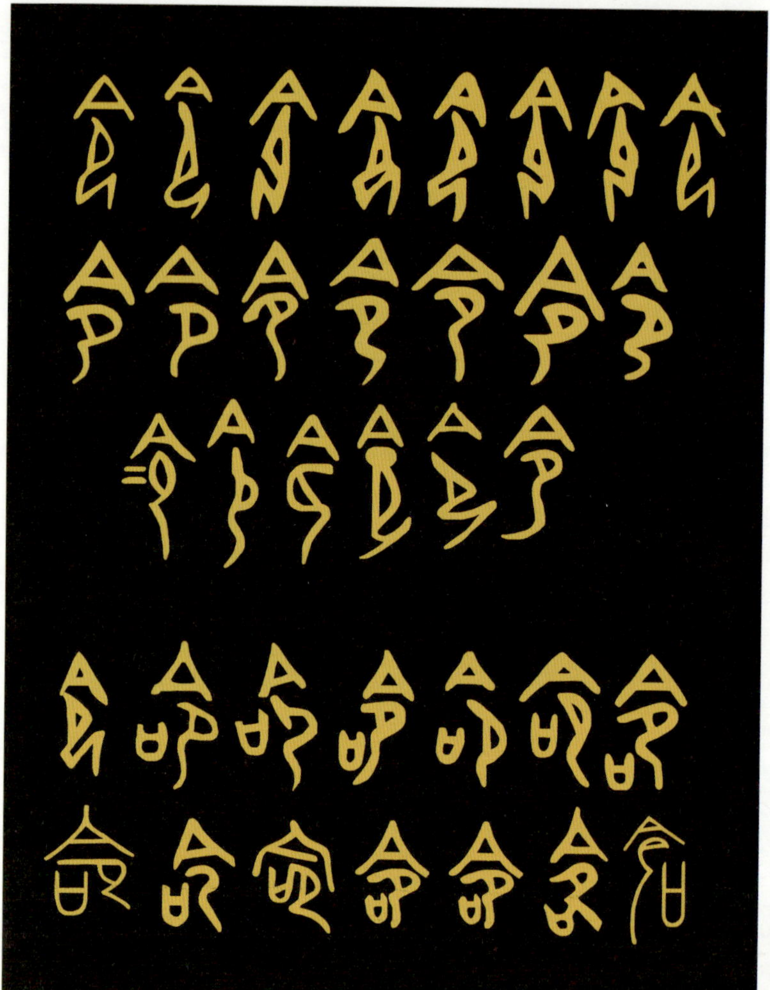

令、命

“令”是“命”的本字。令，表示上级指示下级。甲骨文和金文的字形相差无几。造字本义：上级向下级授命，作出权威性指示。《说文解字》：令，发号也。“命”有两种甲骨文写法和五十五种金文写法。《说文解字》：命，使也。使是“使令”的意思。

Monday

Jan. 8

2018

2018 年

1 月 8 日

8

农历丁酉年・十一月廿二

星期一

辨、讼、讯、廷、官

第一排：辨。两个“辛”，表示涉及刑事的双方——原告与被告；中间是人（疑似“刀”字），指法官，表示升堂后诉辩双方分立两侧，法官居中间。造字本义：法官中立听取原告与被告的陈述，做出符合客观事实的是非判断。《说文解字》：辨，判也（判别）。

第二排：讼。公，既是声旁也是形旁，表示正义。讼，甲骨文（第一个字）两个“口”字，表示双方进行诉辩。金文中的“公”字旁表示正义，“言”，表示公正诉辩。造字本义：在法律的公正中辩诉。

第三排：讯。甲骨文字形是审问双手被反绑的人。造字本义：审问被拘捕者。《说文解字》：讯，问也（审问）。

第四排：廷。“廷”是“庭”的本字，无法确定这个字形的具体含义。目前发现了三十二个“廷”字的金文写法，至今没有发现“庭”字甲骨文、金文和篆文的写法。

第五排：官。“宀”，表示房屋，下半部分是兵符、权印，表示放兵符官印的房屋。造字本义：藏有朝廷所授权印的军政要地，政府。

Tuesday

Jan. 9

2018

2018 年

1 月 9 日

9

农历丁酉年・十一月廿三

星期二

天、德、配

本图前两排分别是“天”字的甲骨文和金文字形。第三排前两个是“德”字的甲骨文。第四排为“德”字的金文。造字本义：看清道路的方向，没有困惑迷误，大道坦然直行。“德”代表顺应自然的法则。《说文解字》：德，升也，即境界因善行而升华。

“以德配天”是西周时期的政治学说，是指君主的权力是“天”授予的，是“天命”，但不是固定不变的，只有有德者才可承受天命，失德就会失去天命。“德”的要求主要包括三个方面：敬天、敬宗、保民。第五排是“配”字的四种甲骨文写法。第六排是“配”字的金文写法。

Wednesday

Jan. 10

2018

2018 年

1 月 10 日

10

农历丁酉年・十一月廿四

星期三

卫盉及铭文

卫盉，西周青铜铸器，现藏于陕西历史博物馆。

卫盉铭文是西周时期关于土地转移方面的重要法律文献。

Thursday

Jan. 11

2018

2018 年

1 月 11 日

11

农历丁酉年・十一月廿五

星期四

刖人鼎 *

刖人鼎，西周青铜铸器，现藏于陕西省周原博物馆。

“刖刑”为一种砍去犯人腿脚的酷刑。

* 供图：李雪梅。

Friday

Jan. 12

2018

2018 年

1 月 12 日

12

农历丁酉年・十一月廿六

星期五

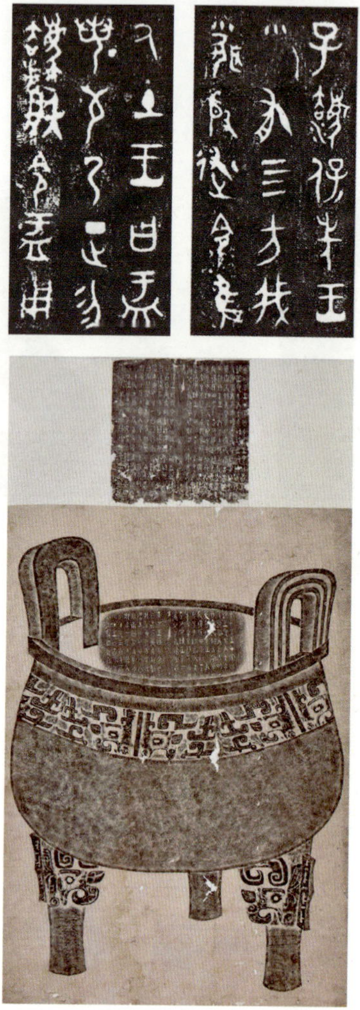

大盂鼎及铭文

大盂鼎，又称廿三祀盂鼎，现藏于中国国家博物馆。

大盂鼎铭文主要记载了周康王对盂的一次册命，是研究周代分封制和周王与臣属关系的重要史料。

Saturday

Jan. 13

2018

2018 年

1 月 13 日

13

农历丁酉年·十一月廿七

星期六

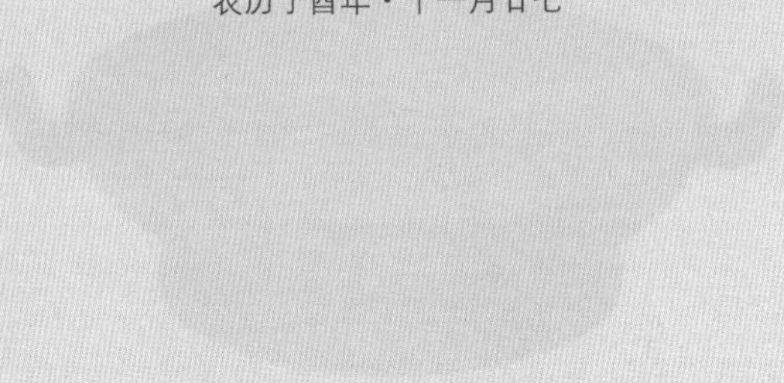

史墙盘及铭文

墙盘，西周青铜器，因墙在周朝做史官又被称作“史墙盘”，现藏于宝鸡青铜器博物院。

铭文前段颂扬西周文、武、成、康、昭、穆、共（恭）七代周王的功绩，后段记叙作器者历代祖先的功德及自身的事迹。

Sunday

Jan. 14

2018

2018 年

1 月 14 日

14

农历丁酉年 · 十一月廿八

星期日

长思盉及铭文 *

长思盉，西周青铜器，1954 年陕西长安普渡村长思墓出土，展陈于中国国家博物馆。

此器内壁铸有铭文，记述三月丁亥日，周穆王在下淢举行飨礼，期间又行射礼，作器者长思受到穆王勉励。

* 供图：李雪梅。

Monday

Jan. 15

2018

2018 年

1 月 15 日

15

农历丁酉年・十一月廿九

星期一

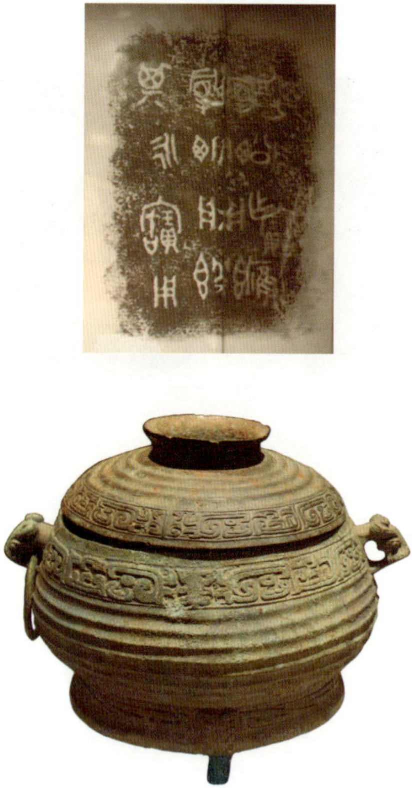

“邓公”簋及铭文 *

“邓公”簋，西周青铜器，平顶山市应国墓地出土，展陈于河南博物院。该器是邓国君主嫁女到应国的嫁妆，铭文记载了邓国和应国的联姻关系。

西周时期，诸侯国之间为了争取可靠的盟友，经常通过联姻的形式实现联合，这是其常用的外交策略。

* 供图：李雪梅。

Tuesday

Jan. 16

2018

2018 年

1 月 16 日

16

农历丁酉年 · 十一月三十

星期二

“柞伯”簋[*]

“柞伯”簋，西周青铜器，平顶山市应国墓地出土，展陈于河南博物院。簋底部铸有铭文，记录了周王时期在王室举行的一次射礼的全过程。

* 供图：李雪梅。

Wednesday

Jan. 17

2018

2018 年

1 月 17 日

17

农历丁酉年・十二月初一

星期三

格伯簋及铭文

格伯簋，又名倗生簋，西周青铜铸器，现藏于中国国家博物馆。

器内铭文记载，格伯用三十田作为交换从倗生处取得四匹良马，这段铭文反映了西周时期的土地交换情况。

Thursday

Jan. 18

2018

2018 年

1 月 18 日

18

农历丁酉年・十二月初二

星期四

逨盘及铭文

逨盘，西周时期青铜器，器形为四足附耳盘，现藏于宝鸡青铜器博物院。

铭文记载了单氏家族八代人辅佐西周十二位天子的历史，铭文印证了史籍中对周王世系的记载。

Friday

Jan. 19

2018

2018 年

1 月 19 日

19

农历丁酉年・十二月初三

星期五

六年琱生簋及铭文

六年琱生簋，西周青铜铸器，现藏于中国国家博物馆。

铭文详细记载了一件土地诉讼的起因、经过和结果，是研究西周宗法制度之下族产土地分配的重要史料。

Saturday

Jan. 20

2018

2018 年

1 月 20 日

大寒

20

农历丁酉年 · 十二月初四

星期六

𠑇匜及铭文

𠑇匜，西周青铜器，现藏于陕西省岐山县博物馆。

𠑇匜铭文记载了中国目前发现最早、最完整的诉讼判决书，被誉为中国的“青铜法典”。

Sunday

Jan. 21

2018

2018 年

1 月 21 日

21

农历丁酉年・十二月初五

星期日

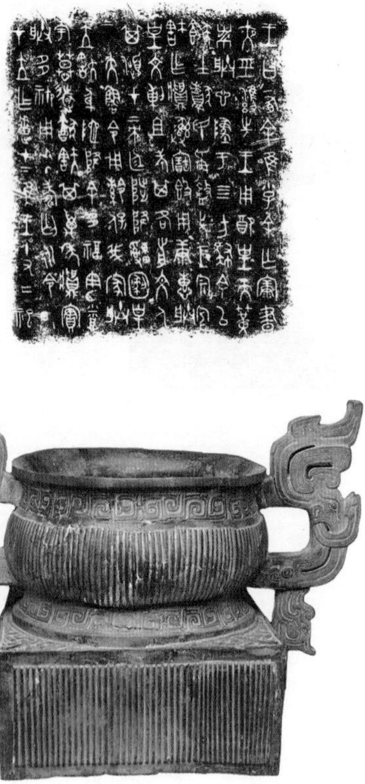

㝬簋及铭文

㝬簋（厉王簋），现藏于宝鸡青铜器博物馆。内底铭文是周厉王为祭祀先王而自作的一篇祝词。

Monday

Jan. 22

2018

2018 年

1 月 22 日

22

农历丁酉年·十二月初六

星期一

散氏盘及铭文

散氏盘，又称夨人盘，西周青铜器，因铭文中有“散氏”字样而得名，现藏于“台北故宫博物院”。

铭文内容为土地转让，记述夨人付给散氏田地之事，并详细记录田地的四至及封界，最后记载举行盟誓的经过。

Tuesday

Jan. 23

2018

2018 年

1 月 23 日

23

农历丁酉年・十二月初七

星期二

毛公鼎及铭文

毛公鼎，西周青铜器，因作器者毛公而得名，现藏于“台北故宫博物院”。

铭文大意是，周宣王即位之初，亟思振兴朝政，乃请叔父毛公为其治理国家内外的大小政务，并饬勤公无私，最后颁赠命服厚赐，毛公因而铸鼎传示子孙永宝。

Wednesday

Jan. 24

2018

2018 年

1 月 24 日

臘八

24

农历丁酉年・十二月初八

星期三

“洹子孟姜”壶*

“洹子孟姜”壶，春秋时齐国青铜器，展陈于中国国家博物馆。

颈部内壁铭文内容为，齐侯的女儿洹子孟姜家里有丧事，齐侯自愿服丧，但是有些不合礼制，他通过管理礼制的大宗伯向周天子请示，得到许可。

*供图：李雪梅。

Thursday

Jan. 25

2018

2018 年

1 月 25 日

25

农历丁酉年・十二月初九

星期四

温县盟书 *

温县盟书，现藏于山西博物院和河南安阳中国文字博物馆。

盟书是东周各诸侯国或卿大夫之间为了某些重大事件或在某些重大活动中制定公约、“对天盟誓”时所记录的文辞。**

* 供图：李雪梅。

** 参见蒲坚主编：《中国法制通史》（第1卷），法律出版社1999年版。

Friday

Jan. 26

2018

2018 年

1 月 26 日

26

农历丁酉年 · 十二月初十

星期五

蔡侯申尊及铭文 *

蔡侯申尊，春秋时期青铜器，1955 年安徽寿县蔡昭侯墓出土，展陈于中国国家博物馆。

铭文记述了公元前 518 年蔡昭侯为大孟姬作媵器之事。铭中文字“敬配吴王”是蔡、吴两国通婚的证明。

* 供图：李雪梅。

Saturday

Jan. 27

2018

2018 年

1 月 27 日

27

农历丁酉年・十二月十一

星期六

晏子像

齐景公在位时，刑罚残酷，动辄把人的双脚砍掉，社会上出现了专门做假脚出售的职业。有一天，齐景公对晏子说："先生的住宅靠近市场，又狭小，又嘈杂，请换一个清静的住所吧。"晏子说："这是先父住过的地方，我的功德远不及先父，这间住宅对我来说已经够奢华了。再说家靠近市场，早晚买东西方便，对我是很有利的。"齐景公笑着说："先生住在市场旁边，可知道最近物价的贵贱吗？""当然知道，假脚卖得贵且天天涨价，鞋子卖得便宜且天天跌价"。齐景公听了脸色大变，不再滥用砍脚的酷刑了。

Sunday

Jan. 28

2018

2018 年

1 月 28 日

28

农历丁酉年・十二月十二

星期日

“即墨之法化”刀币

“即墨之法化”刀币，是齐国刀币，铸于春秋时期。铜质精良，形体深厚，面文“即墨之法化”，背文“安邦”，属姜齐铸币。

Monday

Jan. 29

2018

2018 年

1 月 29 日

29

农历丁酉年・十二月十三

星期一

孔子像

孔子像，马远绘，原作藏于北京故宫博物院。

孔子提出了“无讼”的理想。“无讼”一词出自《论语·颜渊》:“子曰：听讼，吾犹人也，必也使无讼乎。”

Tuesday

Jan. 30

2018

2018 年

1 月 30 日

30

农历丁酉年・十二月十四

星期二

北京孔庙*

北京孔庙，为中国元、明、清三朝祭祀孔子的场所，与南京夫子庙、吉林孔庙和曲阜文庙并称为“中国四大文庙”。

孔子提出了“仁”的思想体系，并纳“仁”入礼。

* 照片由苏格兰摄影家约翰·汤姆森拍摄于 1871 年。

Wednesday

Jan. 31

2018

2018 年

1 月 31 日

31

农历丁酉年・十二月十五

星期三

二月

FEBRUARY

孔子讲学图

“大同”是中国古代描绘的理想社会状态。出自《礼记·礼运》：“人不独亲其亲，不独子其子，使老有所终，壮有所用，幼有所长，矜、寡、孤、独、废疾者皆有所养，男有分，女有归。货恶其弃于地也，不必藏于己；力恶其不出于身也，不必为己。是故谋闭而不兴，盗窃乱贼而不作，故外户而不闭，是谓大同。”

Thursday

Feb. 1

2018

2018 年

2 月 1 日

1

农历丁酉年 · 十二月十六

星期四

杏坛讲学图

《杏坛讲学图》，孔维克画作。

孔子提出合乎“仁”的标准是，“己所不欲，勿施于人”。

原文：仲弓问仁。子曰：“出门如见大宾，使民如承大祭；己所不欲，勿施于人；在邦无怨，在家无怨。”

Friday

Feb. 2

2018

2018 年

2 月 2 日

2

农历丁酉年・十二月十七

星期五

侯马盟书 *

侯马盟书，展陈于山西博物院和河南安阳中国文字博物馆。

盟书具有强制约束力，其中不少是定罪的根据，被认为是一种特殊的法律形式。**

* 供图：李雪梅。

** 参见蒲坚主编：《中国法制通史》（第1卷），法律出版社1999年版。

Saturday

Feb. 3

2018

2018 年

2 月 3 日

3

农历丁酉年・十二月十八

星期六

“公区”陶量 *

战国时期齐国“公区”陶量，展陈于中国国家博物馆。

战国时齐国的标准量器，有豆、区、釜等量制单位。

* 供图：李雪梅。

Sunday

Feb. 4

2018

2018 年

2 月 4 日

立春

4

农历丁酉年・十二月十九

星期日

错金“鄂君启”节*

错金“鄂君启”节，楚国制造，中国国家博物馆、安徽省博物馆、湖北省博物馆均有收藏。

此节是公元前 323 年由楚怀王发给鄂君启的经商通行证，共五枚，呈剖竹形式，上有错金铭文，记载了鄂君启舟节和车节的颁发时间、使用办法，详细规定了其商队车船数量和行商路线、货物种类及课税免税情况。

* 供图：李雪梅。

Monday

Feb. 5

2018

2018 年

2 月 5 日

5

农历丁酉年・十二月二十

星期一

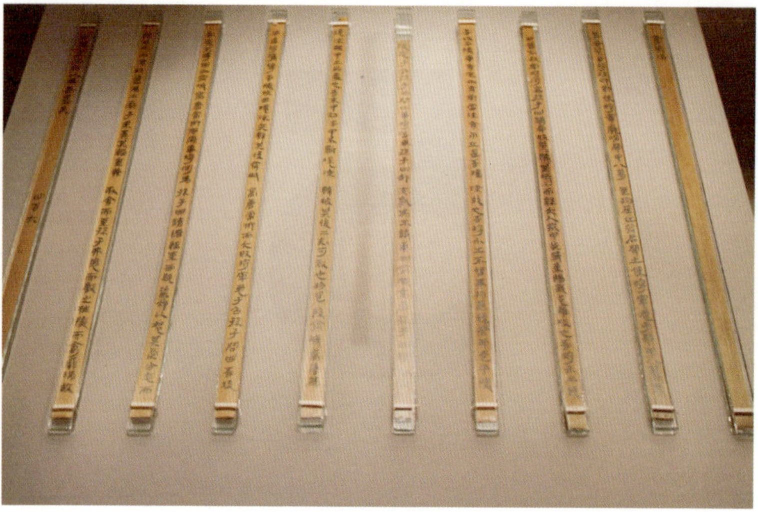

孙膑兵法简 *

孙膑兵法简，展陈于山东省博物馆。

战国时期军事方面的法律主要包括《军爵律》《中劳律》《戍律》《敦表律》等。

* 供图：李雪梅。

Tuesday

Feb. 6

2018

2018 年

2 月 6 日

6

农历丁酉年・十二月廿一

星期二

楚天秤 *

楚天秤，战国时楚国用来称量黄金货币的衡器，展陈于中国国家博物馆。

楚悼王任用吴起实施变法，使楚国力量迅速增强，曾一度打败魏国，出兵秦国，成为战国时期的强国。

* 供图：李雪梅。

Wednesday

Feb. 7

2018

2018 年

2 月 7 日

7

农历丁酉年・十二月廿二

星期三

“司马成公”青铜权[*]

“司马成公”青铜权，战国时期铸造，展陈于中国国家博物馆。

战国时期，魏文侯任用李悝为相，对于加强魏国新兴封建制度做出了重要贡献。李悝撰写的《法经》，分为盗、贼、囚、捕、杂、具六篇，对秦汉时期的封建法律制度产生了直接影响。

*供图：李雪梅。

Thursday

Feb. 8

2018

2018 年

2 月 8 日

小年

8

农历丁酉年 · 十二月廿三

星期四

孟子像

孟子像，南薰殿藏本，现藏于“台北故宫博物院”。

孟子，战国时期邹城（今山东邹市）人。儒家学派代表人物，与孔子并称“孔孟”。孟子提出了“民为贵，社稷次之，君为轻”的思想。

Friday

Feb. 9

2018

2018 年

2 月 9 日

9

农历丁酉年・十二月廿四

星期五

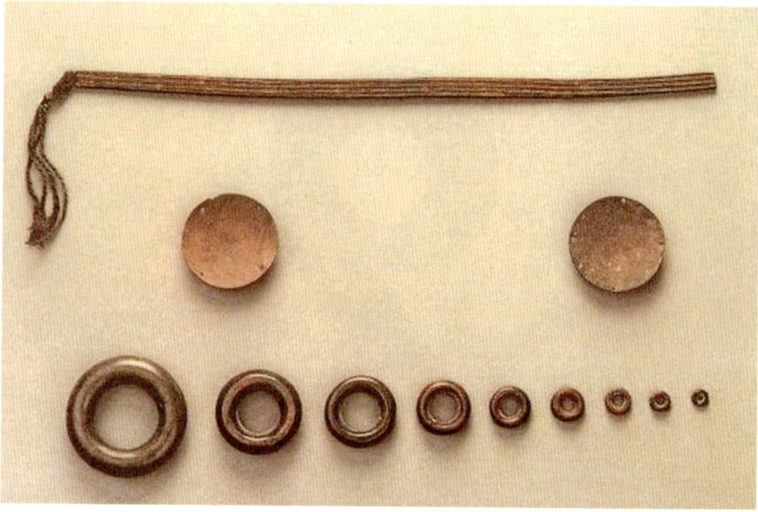

“钧益”铜砝码

“钧益”铜砝码，现藏于安徽寿县博物馆。

“钧益”铜砝码是目前所见楚国天秤砝码中最完整的一套，是研究楚国权衡制度以及权衡史的重要资料。

Saturday

Feb. 10

2018

2018 年

2 月 10 日

10

农历丁酉年 · 十二月廿五

星期六

孟子像

孟子强调“仁政”的重要性。《孟子·梁惠王上》：“不违农时，谷不可胜食也；数罟不入洿池，鱼鳖不可胜食也；斧斤以时入山林，材木不可胜用也。谷与鱼鳖不可胜食，材木不可胜用，是使民养生丧死无憾也。养生丧死无憾，王道之始也。”

Sunday

Feb. 11

2018

2018 年

2 月 11 日

11

农历丁酉年・十二月廿六

星期日

战国商鞅方升

战国商鞅方升，现藏于上海博物馆。

此器为商鞅统一秦国度量衡所规定的标准量具，秦始皇统一六国后仍以商鞅所规定的制度和标准统一全国的度量衡。

Monday

Feb. 12

2018

2018 年

2 月 12 日

12

农历丁酉年・十二月廿七

星期一

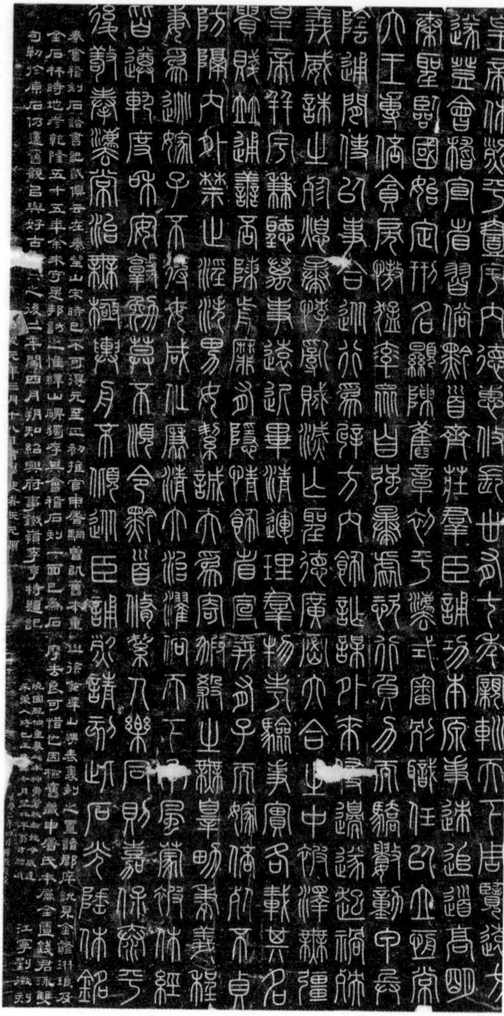

会稽刻石

会稽刻石，原石在唐代以前已失。

秦始皇巡游会稽（在今浙江绍兴）时，为了祭奠大禹、宣扬功德，命丞相李斯手书铭文、刻石记功。

Tuesday

Feb. 13

2018

2018 年

2月13日

13

农历丁酉年 · 十二月廿八

星期二

兵马俑*

兵马俑，现藏于秦始皇帝陵博物院。

秦人特别重视发髻与眉毛，秦简《法律答问》中记载，斩人发髻和拔人眉须要受到刑罚处罚，与别人打架斗殴时把人家的头发拔脱也要受到惩罚。

*图片提供：张宇明，文字撰写：张佳。

Wednesday

Feb. 14

2018

2018 年

2 月 14 日

14

农历丁酉年・十二月廿九

星期三

廷尉之印*

这枚秦封泥上的文字为“廷尉之印”。

廷尉是秦时设置的官名，一直沿用至汉代。廷尉为九卿之一，执掌刑法。

*图片提供：张宇明，文字撰写：张佳。

Thursday

Feb. 15

2018

2018 年

2 月 15 日

除夕

15

农历丁酉年・十二月三十

星期四

秦半两铜钱 *

秦半两铜钱，展陈于中国国家博物馆。

“秦半两”，为秦代法定货币。根据《史记·平准书》记载：“及至秦，中一国之币为二等，黄金以溢名，为上币；铜钱识曰半两，重如其文，为下币。”

* 供图：李雪梅。

Friday

Feb. 16

2018

2018 年

2 月 16 日

春節

16

农历戊戌年 · 正月初一

星期五

两诏青铜版 *

两诏青铜版，展陈于中国国家博物馆。

秦二世即位后，在刻有秦始皇统一度量衡诏书的量器、衡器上加刻诏书，强调统一度量衡是秦始皇的功绩，并表示将统一度量衡的法令继续推行。

*供图：李雪梅。

Saturday

Feb. 17

2018

2018 年

2 月 17 日

17

农历戊戌年・正月初二

星期六

秦二世元年铜诏版*

秦二世元年铜诏版，展陈于河南安阳中国文字博物馆。

铭文为：元年制诏丞相斯、去疾，□（法）度量，尽始皇帝为之，皆有刻辞焉。今袭号而刻辞不称始皇帝，其于久远也，如后嗣为之者，不称成功盛德。刻此诏故刻左，使毋疑。右。

*供图：李雪梅。

Sunday

Feb. 18

2018

2018 年

2 月 18 日

18

农历戊戌年・正月初三

星期日

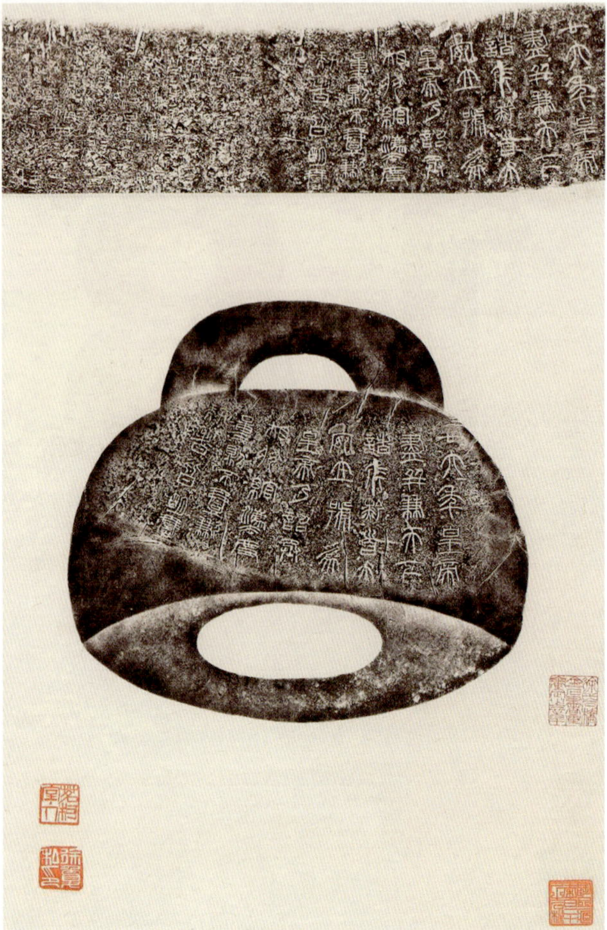

秦权拓片

秦权拓片，清代陈介祺墨拓收藏。

秦权上的铭文是秦始皇二十六年（公元前 221 年）诏书：“廿六年，皇帝尽并兼天下诸侯，黔首大安，立号为皇帝，乃诏丞相状、绾，法度量则不壹歉疑者，皆明壹之。”

Monday

Feb. 19

2018

2018 年

2 月 19 日

雨水

19

农历戊戌年・正月初四

星期一

秦铜权

秦铜权，现藏于陕西秦始皇帝陵博物院。

秦权是秦统一全国后推行货币、度量衡等制度的证明。

Tuesday

Feb. 20

2018

2018 年

2 月 20 日

20

农历戊戌年 · 正月初五

星期二

瓜棱形青铜秤锤 *

瓜棱形青铜秤锤，秦代青铜器，展陈于中国国家博物馆。

秦始皇崇尚法家的治国路线，秦朝建立之后，继续实行原来秦国的法律、法令，并将其推广到全国，使之成为统一后治理国家的依据。

* 供图：李雪梅。

Wednesday

Feb. 21

2018

2018 年

2 月 21 日

21

农历戊戌年·正月初六

星期三

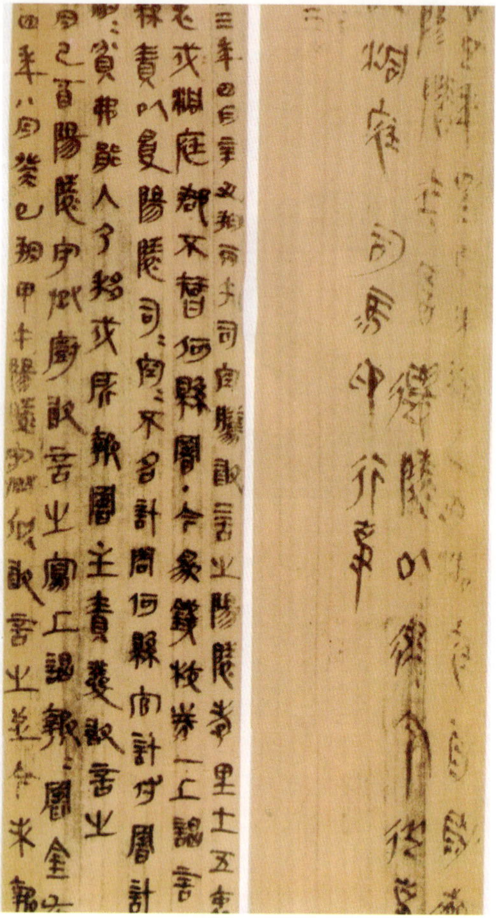

里耶秦简 1*

里耶秦简，2002 年发现于湖南省湘西土家族苗族自治州龙山县里耶镇里耶古城 1 号井，共三万六千多枚简，全部简牍有二十余万字，内容是秦洞庭郡迁陵县的档案，包括祠先农简、地名里程简、户籍简等。

* 图片来源于张春龙主编：《湖南里耶秦简》，重庆出版社 2010 年版。

Thursday

2018 年

Feb. 22

2 月 22 日

2018

22

农历戊戌年・正月初七

星期四

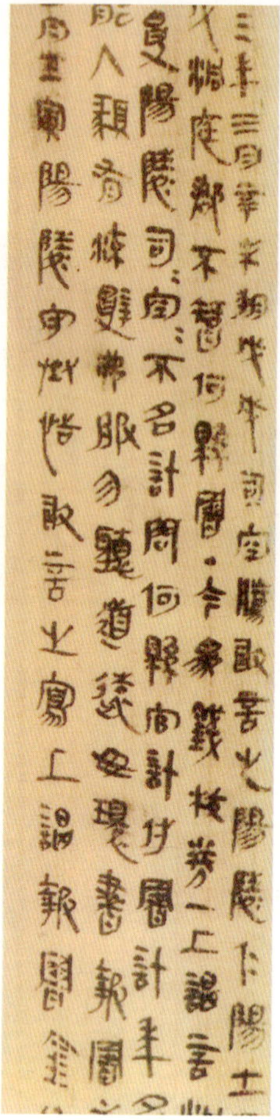

里耶秦简 2*

商鞅以李悝《法经》为蓝本制定了《秦律》六篇，历史上称为“改法为律”。此外，秦还颁布了大量法令。秦统一六国后，秦始皇把秦国的法律推行全国，建立起全国统一的法律制度。

*图片来源于张春龙主编：《湖南里耶秦简》，重庆出版社 2010 年版。

Friday

Feb. 23

2018

2018 年

2 月 23 日

23

农历戊戌年 · 正月初八

星期五

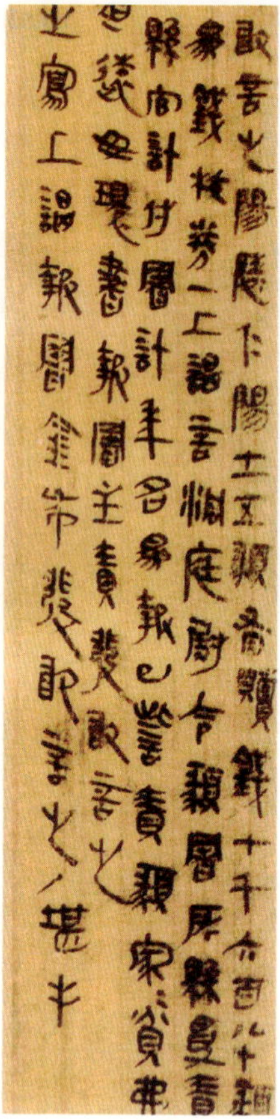

里耶秦简 3*

秦代起即有自然资源保护方法的法律，主要规定在《田律》中。

* 图片来源于张春龙主编：《湖南里耶秦简》，重庆出版社 2010 年版。

Saturday

Feb. 24

2018

2018 年

2 月 24 日

24

农历戊戌年・正月初九

星期六

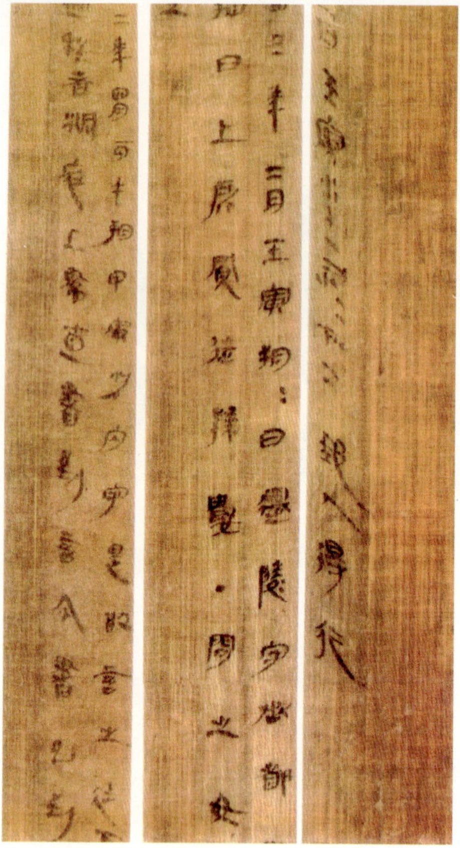

里耶秦简 4*

秦朝关于农业生产管理方面的立法主要规定在《田律》《仓律》等律令之中。

* 图片来源于张春龙主编：《湖南里耶秦简》，重庆出版社 2010 年版。

Sunday

Feb. 25

2018

2018 年

2 月 25 日

25

农历戊戌年 · 正月初十

星期日

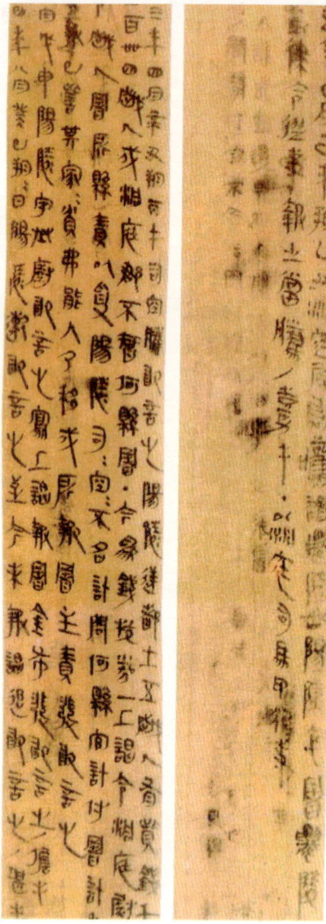

里耶秦简 5*

秦朝关于官营手工业管理方面的立法主要规定在《工律》《均工律》《工人程》等律令中。其内容主要有产品的规格、质量、生产定额以及劳动力计算方法等。

* 图片来源于张春龙主编：《湖南里耶秦简》，重庆出版社 2010 年版。

Monday

Feb. 26

2018

2018 年

2 月 26 日

26

农历戊戌年・正月十一

星期一

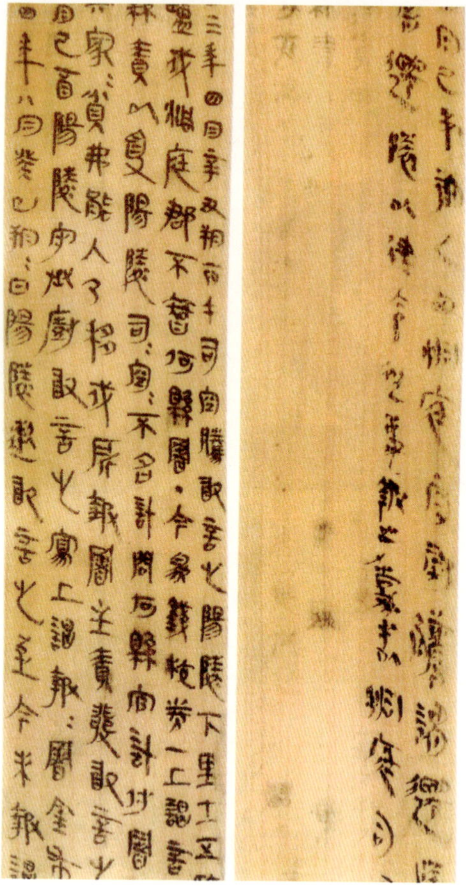

里耶秦简 6*

秦朝关于市场贸易管理方面的立法主要规定在《关市律》《金布律》《钱律》《效律》《工律》里。

＊图片来源于张春龙主编：《湖南里耶秦简》，重庆出版社 2010 年版。

Tuesday

Feb. 27

2018

2018 年

2 月 27 日

27

农历戊戌年・正月十二

星期二

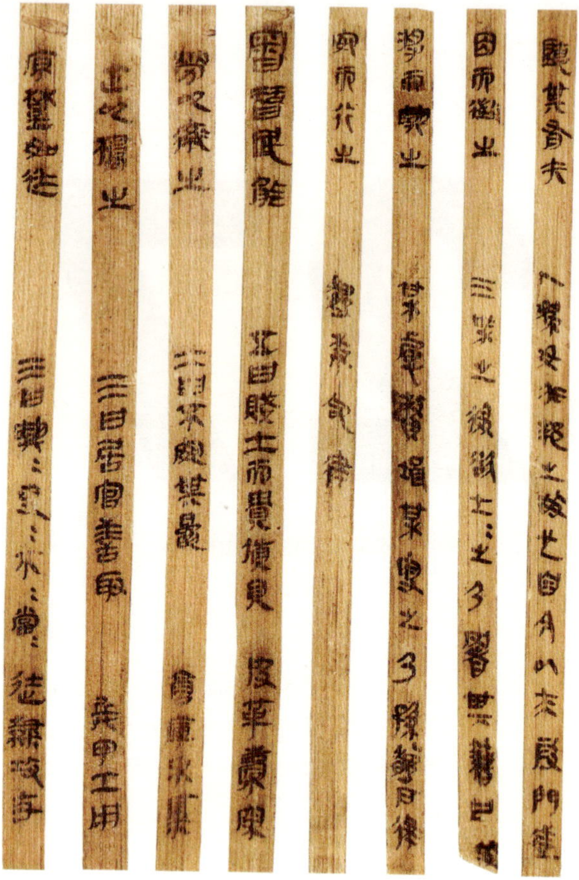

睡虎地秦简 1

睡虎地秦简，又称云梦秦简，是指 1975 年在湖北省云梦县睡虎地秦墓中出土的大量竹简。这些竹简有一半以上是关于秦代的法律，包括秦律律文一百五十八条、关于法律的问答解释一百九十条。

Wednesday

Feb. 28

2018

2018 年

2 月 28 日

28

农历戊戌年・正月十三

星期三

三月

MARCH

睡虎地秦简 2

睡虎地秦简中的《法律答问》部分是对秦律的某些条文、术语和律义以问答的方式做出明确的解释。这对正确运用法律具有重要作用。

Thursday

Mar. 1

2018

2018 年

3 月 1 日

1

农历戊戌年・正月十四

星期四

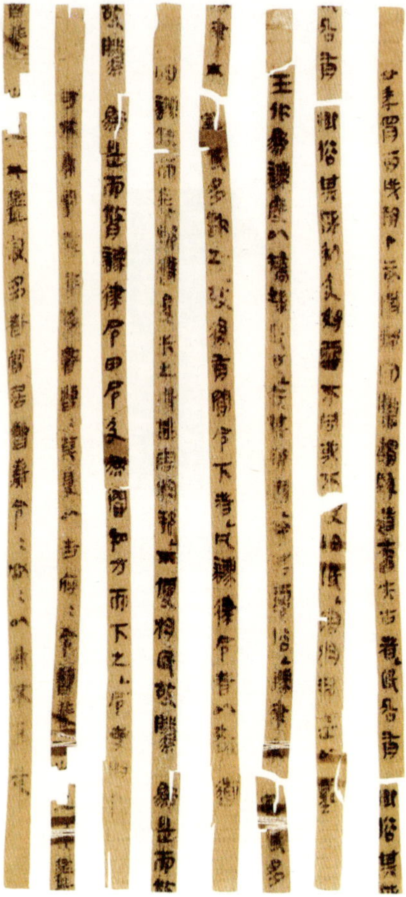

睡虎地秦简 3

秦律中的爰书为案件审理过程中的原告申诉、被告供词、侦审记录、官府调查报告等。睡虎地秦简中有大量爰书类简文，如《封诊式》。

Friday

Mar. 2

2018

2018 年

3 月 2 日

元宵

2

农历戊戌年 · 正月十五

星期五

刘邦像

刘邦入关后，“与父老约，法三章耳：杀人者死，伤人及盗抵罪”。刘邦用简约的“约法三章”及时安抚了关中民众，稳定了社会秩序，赢得了民心。

Saturday

Mar. 3

2018

2018 年

3 月 3 日

3

农历戊戌年・正月十六

星期六

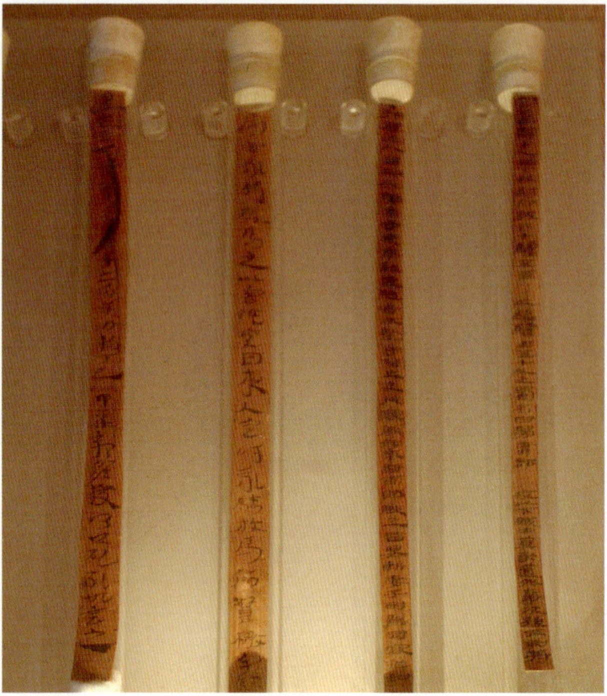

马圈湾匈奴捕亡律简 *

马圈湾匈奴捕亡律简，西汉，甘肃敦煌马圈湾出土，甘肃省文物考古研究所藏，展陈于河南安阳中国文字博物馆。

汉代《捕律》规定了捕得轻重罪人的各等奖金以及追捕罪人的组织方式、奖惩办法。**

* 供图：李雪梅。

** 李学勤：《论江陵张家山 247 号墓汉律竹简》。转引自徐世虹主编：《中国法制通史》（第 2 卷），法律出版社 1999 年版。

Sunday

Mar. 4

2018

2018 年

3 月 4 日

4

农历戊戌年・正月十七

星期日

萧何像

萧何像，南薰殿藏本，现藏于“台北故宫博物院”。

《九章律》又称《汉律九章》，是汉高祖建立汉朝后颁行的法典，由当时的相国萧何以秦律为基础编纂。《九章律》共分为九篇，分别是盗律、贼律、囚律、捕律、杂律、具律、户律、兴律、厩律。

Monday

Mar. 5

2018

2018 年

3 月 5 日

驚蟄

5

农历戊戌年 · 正月十八

星期一

汉殿论功图

《汉殿论功图》，明代画家刘俊作品，现藏于美国大都会艺术博物馆。

该作品取材于“汉殿论功”的典故。《史记·萧相国世家》记载：“汉五年，既杀项羽，定天下，论功行封。群臣争功，岁余功不决。高祖以萧何功最盛，封为酂侯，所食邑多。功臣皆曰：‘臣等身被坚执锐，多者百余战，少者数十合，攻城略地，大小各有差。今萧何未尝有汗马之劳，徒持文墨议论，不战，顾反居臣等上，何也？’高帝曰：‘诸君知猎乎？’曰：‘知之。’‘知猎狗乎？’曰：‘知之。’高帝曰：‘夫猎，追杀兽兔者狗也，而发踪指示兽处者人也。今诸君徒能得走兽耳，功狗也。至如萧何，发踪指示，功人也。且诸君独以身随我，多者两三人。今萧何举宗数十人皆随我，功不可忘也。’群臣皆莫敢言。”

Tuesday

Mar. 6

2018

2018 年

3 月 6 日

6

农历戊戌年・正月十九

星期二

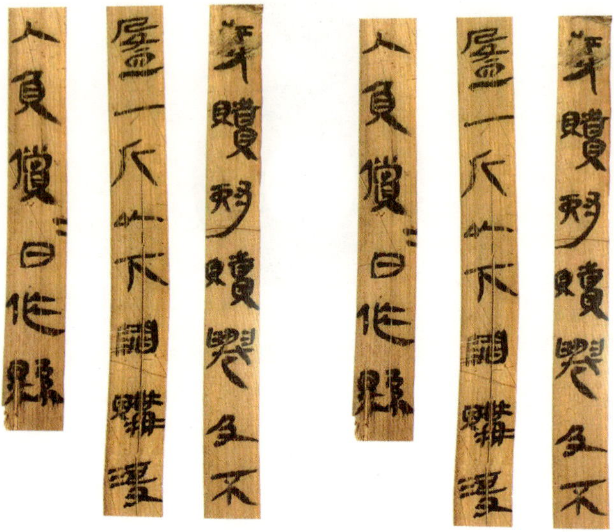

张家山汉简

张家山汉简，1983~1984 年出土于湖北江陵，其内容为汉代典籍，包括《二年律令》《奏谳书》等。

《奏谳书》是春秋、秦和西汉初期二十余件案例的司法文书，以汉律为主，包括诉讼程序、审讯记录、事例记述等，是研究秦汉时期法律制度和司法制度的珍贵史料。

Wednesday

Mar. 7

2018

2018 年

3 月 7 日

7

农历戊戌年・正月二十

星期三

汉代画像砖拓片

汉惠帝四年（公元前191年）下诏选拔有孝悌（悌同弟）德行和能努力耕作的人为官。吕后临朝称制时特设“孝弟力田”官一人，秩二千石，地位很高。

Thursday

Mar. 8

2018

2018 年

3 月 8 日

8

农历戊戌年 · 正月廿一

星期四

汉文帝像

汉文帝时期，百姓安居乐业，府库充盈，人口繁衍。风俗归于笃实厚道，法网宽松，（证据不足的）疑犯被释放，刑罚大量减少，一年之内全国只审判了四百起案件，出现了“刑错”（停止动用刑罚）的景象。

Friday

Mar. 9

2018

2018 年

3 月 9 日

9

农历戊戌年 · 正月廿二

星期五

汉代画像砖拓片

廷尉，官名，秦置，为九卿之一，掌刑狱，是秦汉至北齐时期主管司法的最高官吏。《汉书·百官公卿表》注：“廷，平也。治狱贵平，故以为号。”

Saturday

Mar. 10

2018

2018 年

3 月 10 日

10

农历戊戌年 · 正月廿三

星期六

汉代画像砖拓片

淳于意曾任齐太仓令，有罪当刑。淳于意的女儿缇萦请人代拟奏章，向汉文帝陈述冤情。汉文帝因此认识到，继续沿用既往的肉刑不利于政权的稳固，于是下令免除了淳于意的刑罚，并下令废除黥、劓、刖三种肉刑。

Sunday

Mar. 11

2018

2018 年

3 月 11 日

11

农历戊戌年・正月廿四

星期日

汉代画像砖拓片

汉文帝元年（公元前 179 年）下诏说，法律，是治理天下的依据。现在的法律对违法者本人做了处罚之后，还要株连他没有犯罪的父母、妻儿、兄弟，将他们收为官奴婢，这样的法律十分不可取。从今以后废除收罪犯家属为奴婢及各种相连坐的律令。

Monday

Mar. 12

2018

2018 年

3 月 12 日

12

农历戊戌年 · 正月廿五

星期一

蒲轮征贤图

《蒲轮征贤图》，取自画册《帝鉴图说》。*

汉武帝素喜好儒者的学术，举用名儒，以赵绾为御史大夫、王臧为郎中令。赵绾、王臧又荐举其老师申公。武帝即遣使去征聘他。又闻申公年老，恐其途中受劳，因驾一辆安车去迎接申公，又用蒲草裹了车轮，使申公坐得自在；又用币帛一束，另加玉璧，以为聘礼。申公感动于武帝这等尽礼，遂随聘到京。

*《帝鉴图说》是明代内阁首辅张居正亲自编撰，供当时年仅十岁的小皇帝阅读的教科书，由小故事构成，每个故事配以形象的插图。

Tuesday

Mar. 13

2018

2018 年

3 月 13 日

13

农历戊戌年 · 正月廿六

星期二

伏生授经图

《伏生授经图》，明代画家杜堇所作，现藏于美国大都会美术馆。

秦始皇焚书坑儒时，伏生冒着生命危险暗将《尚书》藏在墙壁夹层内，由此逃避焚烧之难。秦亡汉立，儒家学派逐渐复兴，伏生掘开墙壁发现尚有二十九篇保存完好。伏生因年迈不能像正常人那样说话，他的话只有其女羲娥才能听懂，只好先由伏生言于其女羲娥，再由羲娥转述给晁错，这就是今文《尚书》。

Wednesday

Mar. 14

2018

2018 年

3 月 14 日

14

农历戊戌年・正月廿七

星期三

董仲舒像

董仲舒像，南薰殿藏本，现藏于“台北故宫博物院”。

董仲舒关于法律的理解为，“阳为德，阴为刑，刑主杀而德主生”“刑者德之辅，阴者阳之助也”。

Thursday

Mar. 15

2018

2018 年

3 月 15 日

15

农历戊戌年・正月廿八

星期四

西汉“海内皆臣”方砖 *

西汉“海内皆臣”方砖，现藏于汉景帝阳陵博物馆。

此砖刻有“海内皆臣，岁登成熟，道毋饥人，践此万岁”十六字，为汉武帝时皇室专用砖，寓意汉朝政治权力大一统、风调雨顺年成好、黎民百姓不受饥饿之苦。

* 图片提供：张宇明，文字撰写：张佳。

Friday

Mar. 16

2018

2018 年

3 月 16 日

16

农历戊戌年・正月廿九

星期五

鸠杖

鸠杖，中山靖王刘胜墓出土，杖首仅为鸠头，无身。

汉朝给老人发放“老年证”——一种叫“鸠杖”的实用物。鸠杖，又叫“王杖”，顾名思义是帝王赐予老人使用的拐棍，是一种特殊权利的象征。

Saturday

Mar. 17

2018

2018 年

3 月 17 日

17

农历戊戌年 · 二月初一

星期六

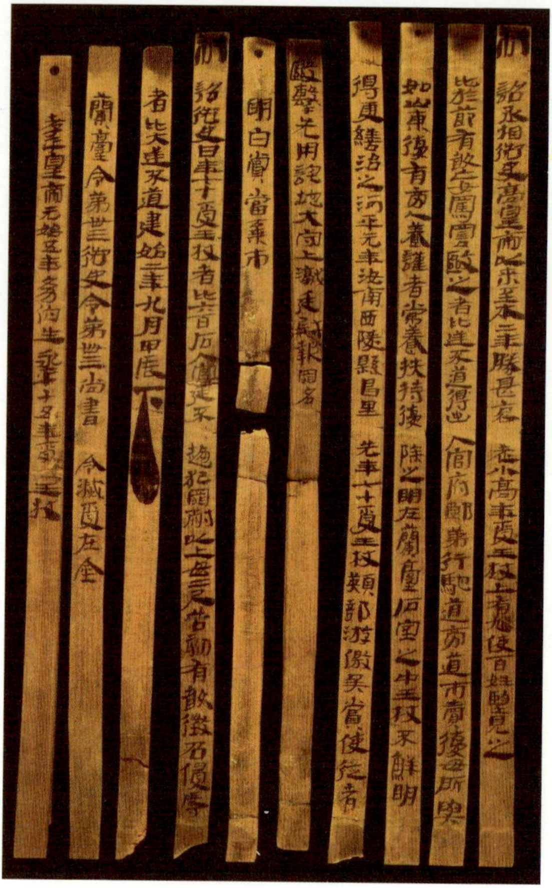

《王杖诏书令》竹简

《王杖诏书令》规定：凡欺凌由君主授予王杖的高年老人，不分官民，一律依例判弃市死刑。这体现了“以孝治天下”的治国理念，以及“老吾老以及人之老”等尊老敬老的传统美德。

Sunday

Mar. 18

2018

2018 年

3 月 18 日

18

农历戊戌年・二月初二

星期日

汉代画像砖拓片

春秋决狱，又称“引经断狱”，是以儒家思想为断狱的指导思想，要求司法官吏在审判案件时以儒家经典特别是《春秋》作为分析案情、认定犯罪的根据。

Monday

Mar. 19

2018

2018 年

3 月 19 日

19

农历戊戌年 · 二月初三

星期一

汉代画像砖拓片

司隶校尉是西汉至魏晋时期监督朝廷百官及京畿地区的监察官。始置于汉武帝征和四年（公元前 89 年），一直延续到魏晋时期。东汉时司隶校尉常常劾奏三公等尊官，故为百官所畏惮。

Tuesday

Mar. 20

2018

2018 年

3 月 20 日

20

农历戊戌年 · 二月初四

星期二

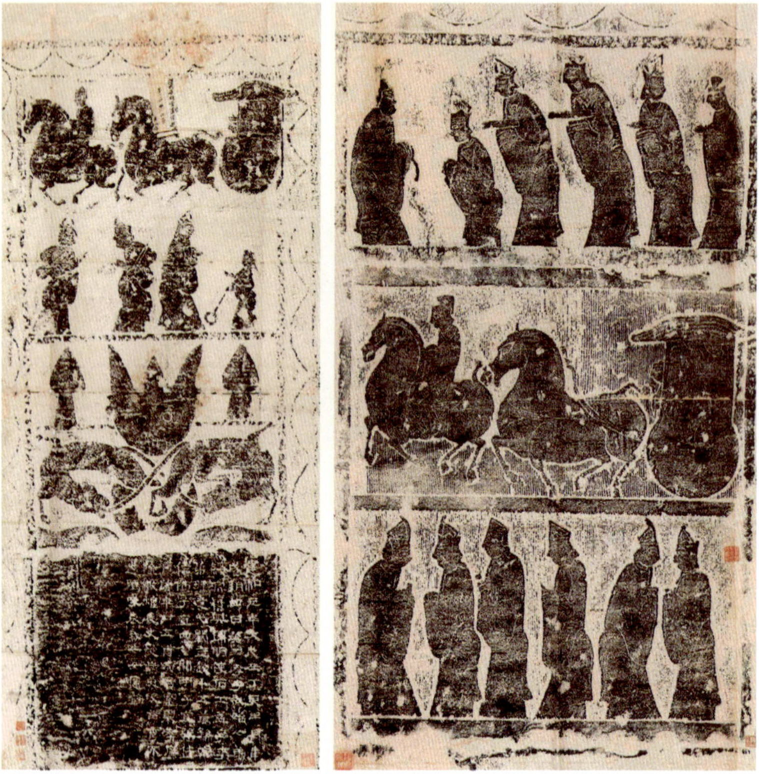

汉代画像砖拓片

汉代画像砖拓片，现存于山东省嘉祥县南三十里武宅山武梁祠石室。

汉武帝元光元年（公元前 134 年），下诏责成中央和地方各级长官选贤举能，称之为“察举”，被举者经考试后由政府量才录用。

Wednesday

Mar. 21

2018

2018 年

3 月 21 日

春分

21

农历戊戌年・二月初五

星期三

汉代画像砖

汉代画像砖，现藏于美国纽约大都会艺术博物馆。

汉武帝建元五年(公元前136年)置五经博士，博士生源由太常（九卿之首）直接选送，一部分为各郡国选送，所选博士弟子不专以贵族子弟为限。至一定年限，经过考核，一般可在郡国任文学职务，成绩优异者可授中央及地方行政官。

Thursday

Mar. 22

2018

2018 年

3 月 22 日

22

农历戊戌年·二月初六

星期四

“都司空”瓦当 *

“都司空”瓦当，出土于汉长安城南郊礼制建筑遗址。

“都司空”是秦汉时宗正的属官，设有令、丞。职掌土木工程、制作建造宫殿官署所需砖瓦等，并设有囚系宗族外戚之监狱。

* 供图：李雪梅。

Friday

Mar. 23

2018

2018 年

3 月 23 日

23

农历戊戌年・二月初七

星期五

错金铜虎节 *

错金铜虎节，现藏于广州西汉南越王博物馆。

虎节是用于军事、外交、交通的信符，通常铸成猛虎的形貌。

* 供图：李雪梅。

Saturday

Mar. 24

2018

2018 年

3 月 24 日

24

农历戊戌年・二月初八

星期六

居延死驹劾状简*

居延死驹劾状简，展陈于河南安阳中国文字博物馆。

劾是“上告下”的政府行为。凡由各级官司立案处理的人犯，皆需由具体办案官员向有关机构进行举劾。**

*供图：李雪梅。

** 参见徐世虹主编：《中国法制通史》（第2卷），法律出版社1999年版。

Sunday

Mar. 25

2018

2018 年

3 月 25 日

25

农历戊戌年・二月初九

星期日

汉代画像砖拓片

汉武帝时为了增加收入创设盐铁官营专卖制度，要求盐铁由官府生产并定价销售，收益全归于官府。盐铁官营专卖导致官吏中饱私囊、盐铁质量低劣，民间大受其苦。盐铁会议中，来自民间的贤良文学和代表朝廷的公卿公开辩论，检讨盐铁专卖制度的得失。

Monday

Mar. 26

2018

2018 年

3 月 26 日

26

农历戊戌年・二月初十

星期一

汉代画像砖

班固在《汉书》中评价盐铁之议说：贤良文学认为应该罢除盐铁和酒的专营，重农抑商，阻止商人与民争利，然后才能教化天下；桑弘羊却认为，这些措施是安定国家、稳定边境的国家大业，不可废除。

Tuesday

Mar. 27

2018

2018 年

3 月 27 日

27

农历戊戌年 · 二月十一

星期二

汉代画像砖拓片

汉宣帝时，桓宽将盐铁会议的记录整理为《盐铁论》。

Wednesday

Mar. 28

2018

2018 年

3 月 28 日

28

农历戊戌年·二月十二

星期三

汉代画像砖拓片

汉元帝永光元年（公元前43年）诏令丞相、御史以“质朴、敦厚、逊让、有行”这四条标准推举有德之人，选为光禄勋的属官。

Thursday

Mar. 29

2018

2018 年

3 月 29 日

29

农历戊戌年 · 二月十三

星期四

折槛图

《折槛图》，宋代画作，作者不详，描绘了朱云折槛的故事。

西汉成帝时，宰相张禹恃宠而骄，朝中大臣多因张禹曾为帝师而不敢纠举弹劾。一日，槐里令朱云上书求见，在公卿大臣面前请赐上方斩马剑斩佞臣，皇上怒斥朱云以下犯上，下令将朱云处死。朱云攀着殿槛抵抗，以致槛折。左将军辛庆忌叩头力保，朱云才得以免罪。事后修缮殿槛时，成帝要求保留原状，以表彰忠臣，并作为日后的警诫。

Friday

Mar. 30

2018

2018 年

3 月 30 日

30

农历戊戌年・二月十四

星期五

汉代画像砖拓片

汉代察举制度设立“贤良方正”特科，选拔公正无私、敢于直言的大臣，目的是“纳天下言”，即广泛听取对国政的意见。

Saturday

Mar. 31

2018

2018 年

3 月 31 日

31

农历戊戌年・二月十五

星期六

四月

APRIL

汉代画像砖拓片

在汉代，选拔人才既注重品德修养，也注重文化素质。“贤良”的含义就是德行兼备，“文学”实际指“经学”。察举中的常见特科“贤良文学”所立的选才标准是，品德与文才兼备，又有良好的经学底蕴。

Sunday

Apr. 1

2018

2018 年

4 月 1 日

1

农历戊戌年・二月十六

星期日

汉代画像砖拓片

汉代察举中的“明经”科，是最重要的特科之一。“明经”是指通晓经学。秦朝就有此科，到汉代地位开始突出。所谓“经”，原指先秦经典，自从汉武帝尊崇儒学，“经”就专指儒家经典了。

Monday

Apr. 2

2018

2018 年

4 月 2 日

2

农历戊戌年・二月十七

星期一

汉代画像砖拓片

汉代选拔通晓律令的人才，设立“明法”一科，作为特科中的重要科目。汉武帝时举“四科人才”，其中第三科即“明习法令，足以决疑”，这是设“明法”科的开始。

Tuesday

Apr. 3

2018

2018 年

4 月 3 日

3

农历戊戌年・二月十八

星期二

汉代画像砖拓片

阴阳灾异论者将灾害爆发归结于阴阳失调，认为牢狱中囚犯如有冤情，则会生成冤气，打破阴阳二气的平衡，形成灾害。如果能将冤假错案平反，则能和顺阴阳，将灾害消除。

Wednesday

2018 年

Apr. 4

4 月 4 日

2018

4

农历戊戌年・二月十九

星期三

汉代画像砖拓片

汉代察举科目中设特科“勇猛知兵法”。作战勇猛又熟知兵法、能率军作战是此科选人的标准。

Thursday

Apr. 5

2018

2018 年

4 月 5 日

清明

5

农历戊戌年・二月二十

星期四

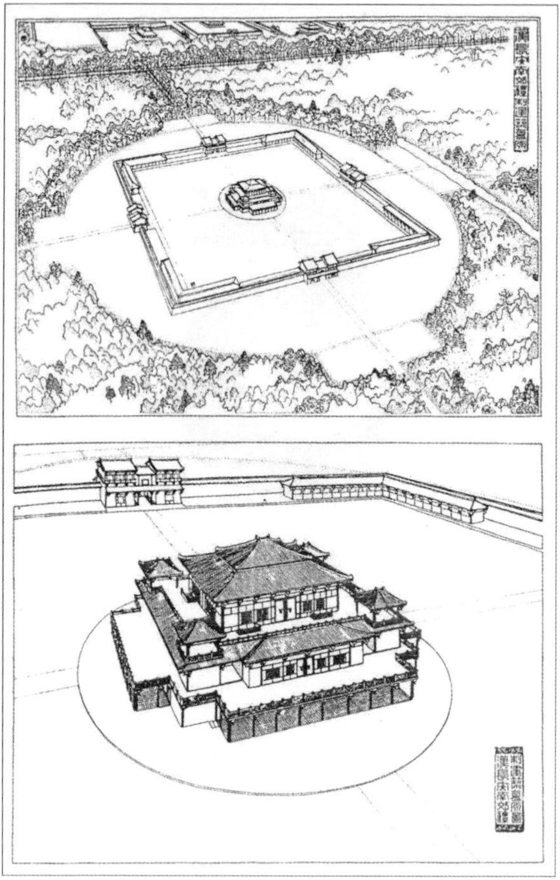

长安南郊礼制建筑复原图

“辟雍”亦作“璧雍”。本为西周天子为教育贵族子弟设立的大学。取四周有水、形如璧环为名。其学有五：南为成均、北为上庠、东为东序、西为瞽宗、中为辟雍。其中以辟雍为最尊，故统称之。西汉以后，历代皆有辟雍，除北宋末年作为太学之预备学校外，多为行乡饮、大射或祭祀用。

Friday

Apr. 6

2018

2018 年

4 月 6 日

6

农历戊戌年・二月廿一

星期五

汉代画像砖拓片

三司会审是中国古代的一种审判制度。“三司”是指中国古代三个主要中央司法机关，源于战国时期的太尉、司空、司徒，后世也称“三法司”。汉代的“三法司”是廷尉、御史中丞和司隶校尉。

Saturday

Apr. 7

2018

2018 年

4 月 7 日

7

农历戊戌年・二月廿二

星期六

汉代画像砖拓片

丁忧是中国传统的道德礼仪制度，始于汉代。根据儒家传统的孝道观念，朝廷官员在位期间，若父母去世，则无论此人任何官何职，从得知丧事的那一天起，必须辞官回到祖籍，为父母守制二十七个月。

Sunday

Apr. 8

2018

2018 年

4 月 8 日

8

农历戊戌年・二月廿三

星期日

汉代画像砖拓片

“急急如律令”是汉代公文常用的结尾语，意指情势紧急，应如同依照法律命令一般火速办理。“如律令”强调按法令执行，在语气上有违律必究的意味。

Monday

Apr. 9

2018

2018 年

4 月 9 日

9

农历戊戌年 · 二月廿四

星期一

汉代画像砖拓片

汉代的财政管理形成了政府财政和皇帝宫廷财政的区分。这两个财政系统分别由两个具有独立收入和支出的部门掌管，即大司农和少府。

Tuesday

Apr. 10

2018

2018 年

4 月 10 日

10

农历戊戌年 · 二月廿五

星期二

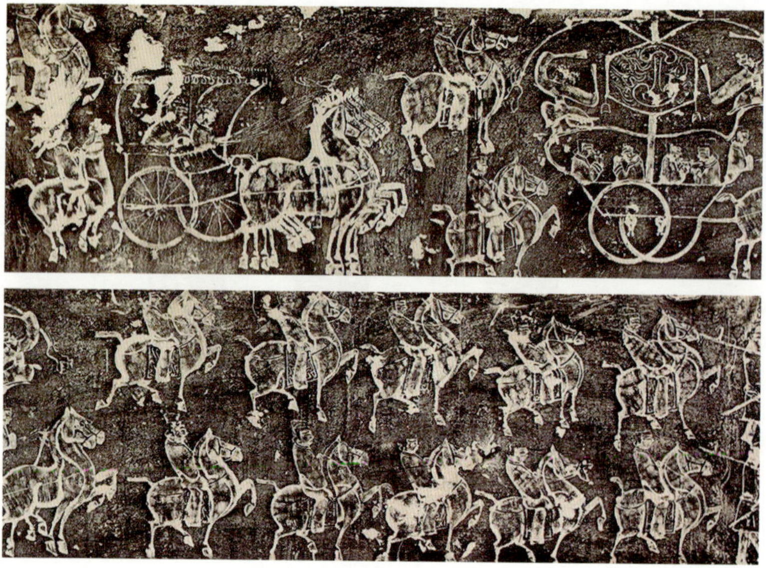

汉代画像砖拓片

乡举里选是我国先秦时代从乡里中考察推荐人才的方法。《周礼》上曾经提到一种具体的选拔方法，每三年举行一次，道德高尚、技艺高超的乡民会被选拔出来。

Wednesday

2018 年

Apr. 11

4 月 11 日

2018

11

农历戊戌年・二月廿六

星期三

洛阳八里台汉墓壁画

洛阳八里台汉墓壁画，现藏于河南洛阳市郊。

征辟，是中国汉代擢用人才的一种制度，主要包括皇帝征聘和公府、州郡辟除两种方式。汉代有高级官员任用属官的制度，中央最高行政长官如三公，地方官如州牧、郡守，都可自行聘任僚属，然后向朝廷推荐。

Thursday

Apr. 12

2018

2018 年

4 月 12 日

12

农历戊戌年 · 二月廿七

星期四

“栔刀五百”

“一刀平五千”*

“栔刀五百”和“一刀平五千”为新莽时期货币，展陈于上海博物馆。

币值改革是王莽“托古改制”的重要内容，但由于币种泛滥，导致币制大坏。

*供图：李雪梅。

Friday

Apr. 13

2018

2018 年

4 月 13 日

13

农历戊戌年・二月廿八

星期五

青铜方斗 *

新莽时期青铜方斗，展陈于中国国家博物馆。

王莽取代汉朝建立新朝之后，开始推行新政，史称“王莽改制”，其中一项重要内容是改革度量衡。

* 供图：李雪梅。

Saturday

Apr. 14

2018

2018 年

4 月 14 日

14

农历戊戌年・二月廿九

星期六

独角兽 *

独角兽，青铜质，潘家庄汉墓群出土，甘肃瓜州县博物馆藏。

汉代提起诉讼分为告、劾、自告三种。告是指“下告上之辞”。“劾”是指“上告下之辞”。**

* 供图：李雪梅。

** 参见徐世虹主编：《中国法制通史》（第2卷），法律出版社1999年版。

Sunday

Apr. 15

2018

2018 年

4 月 15 日

15

农历戊戌年・二月三十

星期日

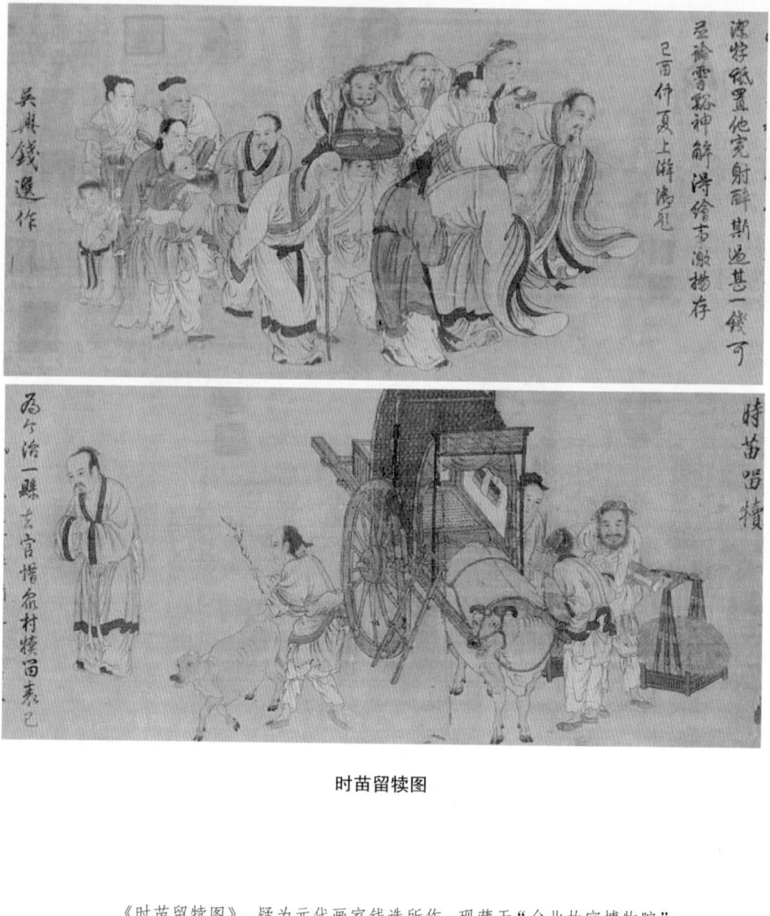

时苗留犊图

《时苗留犊图》，疑为元代画家钱选所作，现藏于“台北故宫博物院”。

时苗为东汉时人，他被任命为寿春令时，只乘一头黄牛，后来黄牛生下牛犊，离任时，时苗称，这只小牛是在寿春出生，就留在这里吧。时苗也被后人当作清廉的典范。

Monday

Apr. 16

2018

2018 年

4 月 16 日

16

农历戊戌年・三月初一

星期一

韩仁铭碑拓片

韩仁铭碑全名“汉循吏故闻熹长韩仁铭”碑，刻于汉灵帝熹平四年（公元 175 年），现由河南郑州荥阳市文物保管所保管。

“循吏”之名最早见于《史记》的《循吏列传》，是指重农宣教、清正廉洁、所居民富、所去见思的官员。

Tuesday

Apr. 17

2018

2018 年

4 月 17 日

17

农历戊戌年・三月初二

星期二

汉代画像砖拓片

东汉尚书台下设六曹尚书，分掌相关事务的机要文书。魏晋以后，尚书六曹的设置及职能屡有变革，逐渐由机要部门变成行政部门。隋初设吏部、礼部、兵部、度支、都官及工部。至唐代，定为吏、户、礼、兵、刑、工六部。

Wednesday

Apr. 18

2018

2018 年

4 月 18 日

18

农历戊戌年 · 三月初三

星期三

班固像

班固（公元32~92年），东汉著名史学家、文学家。班固在其父班彪所著《史记后传》的基础上撰写《汉书》，历时二十年基本修成。《汉书》是继《史记》之后中国古代又一部重要史书。

Thursday

Apr. 19

2018

2018 年

4 月 19 日

19

农历戊戌年 · 三月初四

星期四

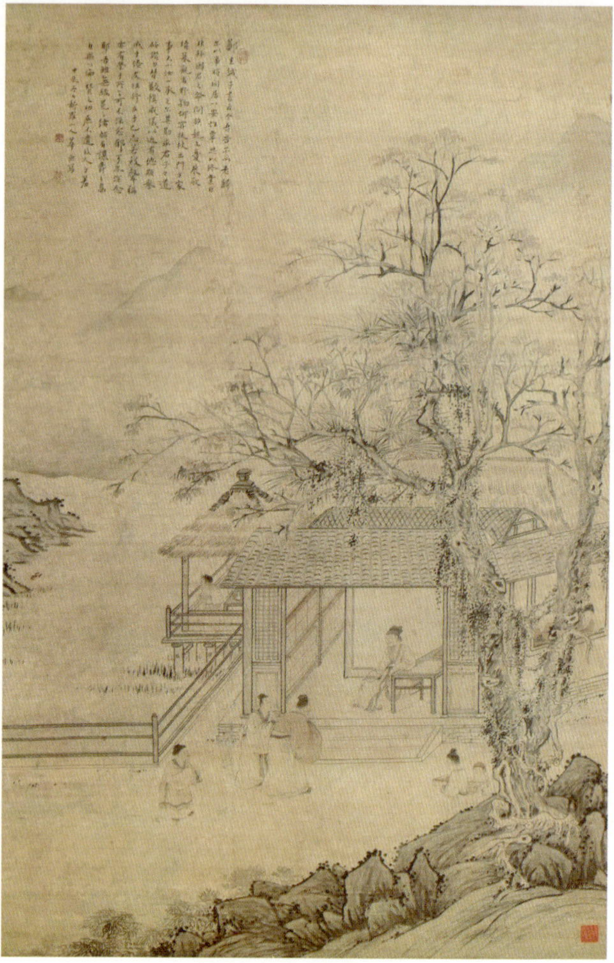

郑玄诫子图

《郑玄诫子图》，清代画家华岩所作。

郑氏章句，指东汉经学大师郑玄对律文所作的注疏和解释。章句为汉代的一种注疏文体，主要是对儒家经学进行注疏。

Friday

Apr. 20

2018

2018 年

4 月 20 日

穀雨

20

农历戊戌年 · 三月初五

星期五

原石

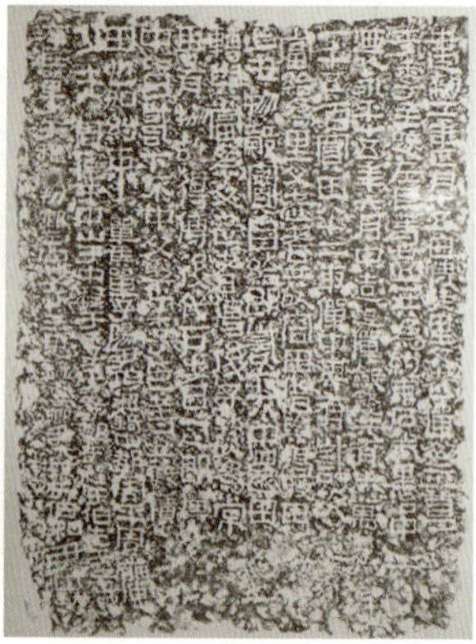

拓片

侍廷里父老僤约束石券*

东汉建初二年（公元77年）刻，现藏于河南偃师商城博物馆。

券文记述缑氏县侍廷里左巨等二十五户组织起一个称为“父老僤”的民间团体，集资六万一千五百钱，买田八十二亩，并对所买土地的使用、管理、继承做出约束性规定。

*图文来源于《中国法律评论》2017年第5期（总第17期），作者为李雪梅，有删节。

Saturday

Apr. 21

2018

2018 年

4 月 21 日

21

农历戊戌年・三月初六

星期六

曹操像

魏太祖曹操像，南薰殿藏本，现藏于“台北故宫博物院”。

曹操为魏王时，初置秘书令，掌尚书奏事。曹丕称帝初，改秘书令为中书省。中书省的设立是整个三国时期官制的一大变化，为隋唐三省六部制的形成奠定了基础。

Sunday

Apr. 22

2018

2018 年

4 月 22 日

22

农历戊戌年・三月初七

星期日

曹丕像

《历代帝王图》之魏文帝曹丕像，传为阎立本画作，现存为后人摹本，现藏于美国波士顿博物馆。

九品中正制，又称九品官人法，是魏文帝曹丕时设立的制度。此制至西晋渐趋完备，南北朝时又有所变化。从曹魏始至隋唐科举确立，约存在了四百年之久。

Monday

Apr. 23

2018

2018 年

4 月 23 日

23

农历戊戌年 · 三月初八

星期一

孔羡碑

孔羡碑，全称鲁孔子庙碑，又名修孔子庙碑、封孔羡碑，位于山东曲阜孔庙同文门内。记载了曹丕称帝后诏封孔子二十一世孙孔羡为宗圣侯以奉孔子之祀，并命扩修旧庙，设吏卒以守卫之事。

Tuesday

Apr. 24

2018

2018 年

4 月 24 日

24

农历戊戌年・三月初九

星期二

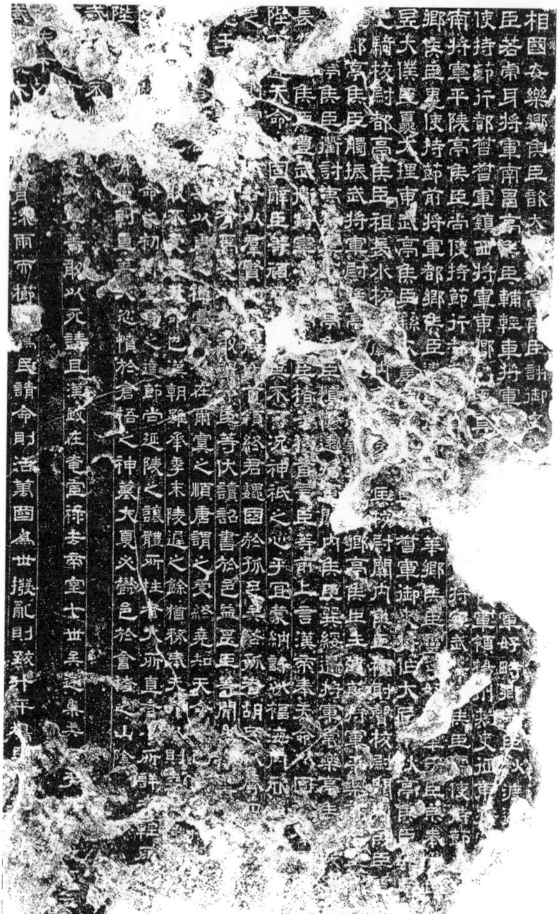

受禅表碑拓片

受禅表碑，位于河南繁城镇汉献帝庙内。

八议最早源于《周礼》中的“八辟”之说，在曹魏《新律》中首次入律。“八议”是指，法律规定的八种人犯罪不能适用普通诉讼审判程序，司法官员也无权直接审理管辖，必须奏请皇帝裁决，由皇帝根据其身份及具体情况减免刑罚。

Wednesday

Apr. 25

2018

2018 年

4 月 25 日

25

农历戊戌年・三月初十

星期三

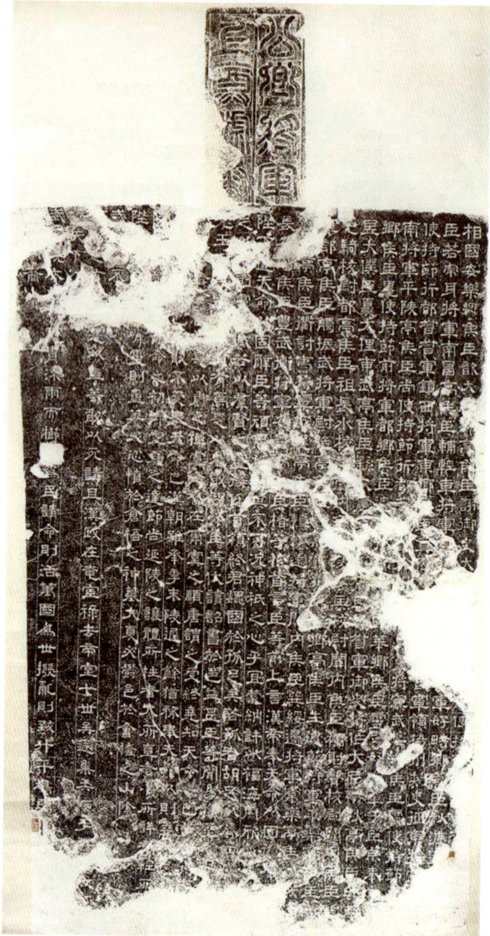

上尊号碑拓片

上尊号碑，全名魏公卿将军上尊号奏，又名百官劝进表，现存于汉献帝庙内。

魏明帝时，曾在最高审判机关“廷尉”之下设立“律博士”一职，专门负责教授法律知识，提高司法官的专业素质与办案水平，培养司法人才。

Thursday

Apr. 26

2018

2018 年

4 月 26 日

26

农历戊戌年 · 三月十一

星期四

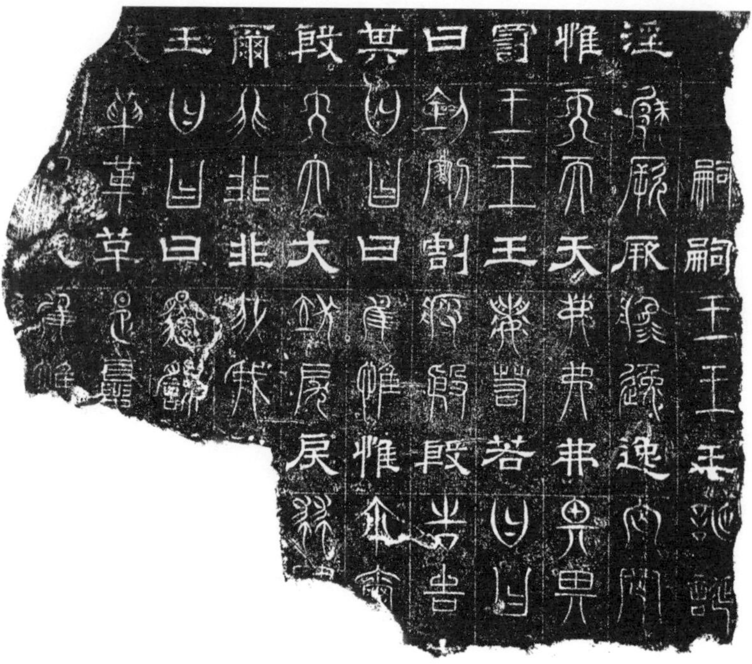

三体石经拓片

三体石经刻于三国魏齐王曹芳正始二年（公元 241 年），原立于魏都洛阳南郊太学讲堂西侧。因碑文每字皆用古文、小篆和汉隶三种字体写刻，故名。

魏明帝曹叡即位之后，共编成《新律》十八篇、《州郡令》四十五篇及《尚书官令》《军中令》等总计一百八十余篇。

Friday

Apr. 27

2018

2018 年

4 月 27 日

27

农历戊戌年 · 三月十二

星期五

原碑

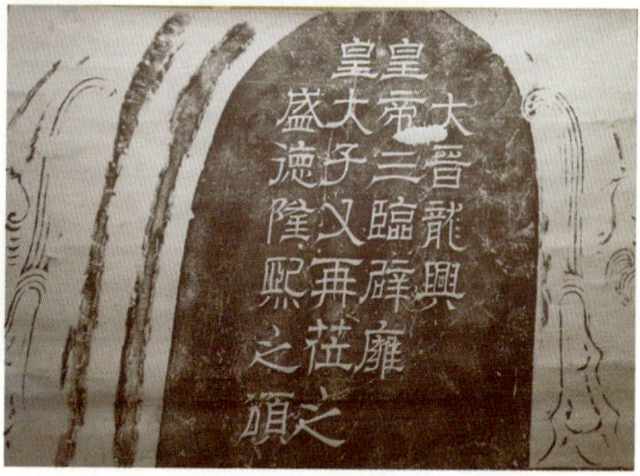

拓片局部

辟雍碑*

辟雍碑，又名大晋龙兴皇帝三临辟雍碑颂，西晋咸宁四年（公元278年）立石，现存河南偃师佃庄镇东大郊村。额题“大晋龙兴皇帝三临辟雍皇太子又再莅之盛德隆熙之颂”二十三字。碑阳隶书三十行五十五字，计一千六百五十字；阴题名十列，刻有行政官员及学员等的郡籍及姓名四百余人。碑文涉及当时的职官、教育制度。

*图文来源于《中国法律评论》2017年第5期（总第17期），作者为李雪梅，有删节。

Saturday

Apr. 28

2018

2018 年

4 月 28 日

28

农历戊戌年 · 三月十三

星期六

朱曼妻薛买地宅券拓片

据考证，朱曼是东吴孙权的第六个儿子景帝孙休的太子舍人。《道藏》第十八册《洞神部·戒律类》记载：“葬不买地，不立券，谓之盗葬。”

Sunday

Apr. 29

2018

2018 年

4 月 29 日

29

农历戊戌年・三月十四

星期日

杜预像

杜预像，南薰殿藏本，现藏于“台北故宫博物院”。

《泰始律》是西晋初年制定颁布的一部法典。晋武帝在《泰始律》颁行后命张斐、杜预为新律作注，经晋武帝批准后，注释和律文具有同等的法律效力，一起颁行天下。故后人又把张杜二人的注解同《泰始律》视为一体，称为《张杜律》。

Monday

Apr. 30

2018

2018 年

4 月 30 日

30

农历戊戌年 · 三月十五

星期一

五月

MAY

王献之休郗道茂续娶新安公主图

《王献之休郗道茂续娶新安公主图》，由明代画家唐寅创作，现藏于意大利沃尔特斯艺术博物馆。

郗道茂与王献之青梅竹马，为少年夫妻。新安公主对王献之仰慕已久，便离婚要求皇帝将其嫁给王献之。皇帝下旨让王献之休掉郗道茂，再娶新安公主。王献之深爱郗道茂，为拒婚用艾草烧伤自己的双脚，后半生常年患足疾，行动不便。即便如此仍无济于事，王献之只能忍痛休了郗道茂。

Tuesday

May 1

2018

2018 年

5 月 1 日

1

农历戊戌年·三月十六

星期二

北魏孝文帝朝堂石刻（局部）

北魏孝文帝朝堂石刻（局部），现藏于美国大都会博物馆。

北魏孝文帝亲自组织几十名法律家，承用汉律，参考魏晋法律，修订了《北魏律》二十篇。

Wednesday

May 2

2018

2018 年

5 月 2 日

2

农历戊戌年・三月十七

星期三

“河内太守”青铜虎符 *

“河内太守”青铜虎符，北魏时期制造，展陈于中国国家博物馆。

拓跋珪于公元 386 年正式建立北魏政权，北魏的法律制度在中国法制史上占有一定的地位，其制定的《北魏律》在中国古代法典中具有重要的影响。**

* 供图：李雪梅。

** 参见乔伟主编：《中国法制通史》（第 3 卷），法律出版社 1999 年版。

Thursday

May 3

2018

2018 年

5 月 3 日

3

农历戊戌年・三月十八

星期四

北齐校书图（左半部）

《北齐校书图》（左半部），北齐杨子华绘，现藏于美国波士顿美术馆。

东魏孝静帝天平年间（公元 534~537 年），下诏“群臣于麟趾阁议定新制”，兴和三年（公元 541 年）颁布实施，史称《麟趾格》。

《麟趾格》是《北齐律》的蓝本，又是隋唐律法的直接渊源，它的影响波及后代。

Friday

May 4

2018

2018 年

5 月 4 日

4

农历戊戌年・三月十九

星期五

北齐校书图（右半部）

大理寺是国家最高审判机关之一。秦时称为廷尉，汉因之。汉景帝时更名大理，其后时称大理，时称廷尉。北齐时，司法官廷尉改名并扩大为大理寺，成为定制。

Saturday

May 5

2018

2018 年

5 月 5 日

立夏

5

农历戊戌年 · 三月二十

星期六

萧衍像

梁武帝萧衍像，南薰殿版本，现藏于“台北故宫博物院”。

南朝梁武帝普通二年（公元 521 年）下诏宣布：“凡民有单老孤稚不能自存，主者郡县咸加收养，赡给衣食，每令周足，以终其身。又于京师置孤独园，孤幼有归，华发不匮。若终年命，厚加料理。”

Sunday

May 6

2018

2018 年

5 月 6 日

6

农历戊戌年 · 三月廿一

星期日

五星二十八宿神形图（局部）

《五星二十八宿神形图》，为南梁画家张僧繇作品。画中人物可能是商星，商人打扮，手拿一杆秤。手持秤亦可能代表商业公平之义。

Monday

May 7

2018

2018 年

5 月 7 日

7

农历戊戌年・三月廿二

星期一

陈蒨像

陈蒨像，唐代画家阎立本创作的《历代帝王图》之陈文帝陈蒨。

门阀，是指世代为官的名门望族，又称门第、世族等。门阀形成于魏晋时期，是具有特权地位的地主阶层。

Tuesday

2018 年

May 8

5 月 8 日

2018

8

农历戊戌年・三月廿三

星期二

杨坚像

唐阎立本创作的《历代帝王图》之隋文帝杨坚。

隋文帝杨坚建立隋朝后，为减免苛残之法，简化法律，于开皇三年（公元 583 年）制定了《开皇律》。《开皇律》综合了魏晋南北朝时期的法律，后被《唐律》继承。

Wednesday

May 9

2018

2018 年

5 月 9 日

9

农历戊戌年・三月廿四

星期三

杨广像

《历代帝王图》之隋炀帝杨广。

隋炀帝杨广继位后认为《开皇律》刑罚过重，于大业二年（公元606年）令牛弘等据《开皇律》重修律令，于大业三年（公元607年）修成并颁布天下，史称《大业律》。

Thursday

May 10

2018

2018 年

5 月 10 日

10

农历戊戌年 · 三月廿五

星期四

回洛仓

回洛仓是隋唐时期的洛阳常平仓，为隋炀帝于大业二年（公元 606 年）设置。据考古学家计算，回洛仓仓储面积约三十五万平方米。

Friday

May 11

2018

2018 年

5 月 11 日

11

农历戊戌年・三月廿六

星期五

李渊像

租庸调为唐代前期实行的赋税制度。租庸调以人丁为本，无论土地、财产多少，按丁交纳同等数量绢粟。

Saturday

May 12

2018

2018 年

5 月 12 日

12

农历戊戌年・三月廿七

星期六

主明臣直图

《主明臣直图》，出自《帝鉴图说》。

“主明臣直”说的是唐代著名君臣唐太宗李世民与魏征的故事。

Sunday

May 13

2018

2018 年

5 月 13 日

13

农历戊戌年・三月廿八

星期日

房玄龄像

房玄龄像，南薰殿藏本，现藏于“台北故宫博物院”。

房玄龄（公元 579~648 年），唐初齐州人。在修订律令方面，房玄龄秉持宽厚平和的思想，简化律令，除去了隋朝的苛酷刑法。自房玄龄等更定律、令、格、式以后，有唐一代没有发生过大的变动。

Monday

May 14

2018

2018 年

5 月 14 日

14

农历戊戌年 · 三月廿九

星期一

杜如晦像

杜如晦像，南薰殿藏本，现藏于“台北故宫博物院”。

杜如晦（公元 585~630 年），京兆杜陵（今陕西西安长安）人。唐朝初年名相。李世民即位后，杜如晦获封蔡国公，累迁尚书仆射，与房玄龄同心辅政，选拔人才、制定法度。

Tuesday

May 15

2018

2018 年

5 月 15 日

15

农历戊戌年・四月初一

星期二

览图禁杖图

《览图禁杖图》，出自《帝鉴图说》。

唐史记载，一日太宗看《明堂针灸书》，内有一个图形，说人腹中心、肝、脾、肺、肾五脏的系统皆附贴于脊背，太宗认为，打人脊背，则五脏震动，或致伤命。遂下诏，令天下问刑衙门，自今以后不许笞杖罪囚的脊背。

Wednesday

May 16

2018

2018 年

5 月 16 日

16

农历戊戌年・四月初二

星期三

纵囚归狱图

《纵囚归狱图》，出自《帝鉴图说》。

描绘的是贞观六年（公元632年）的故事，唐太宗放死囚回家（探亲），来年死囚悉数归来受死，太宗随即将其全部赦免。

Thursday

May 17

2018

2018 年

5 月 17 日

17

农历戊戌年·四月初三

星期四

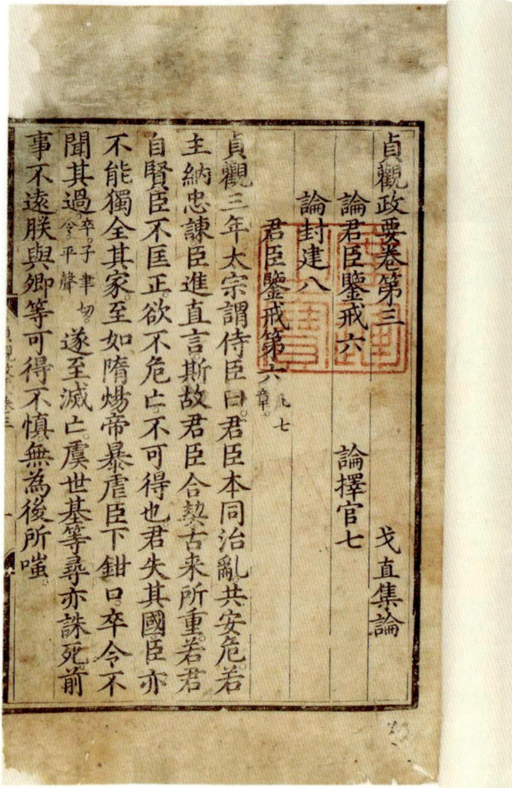

貞觀政要卷第三　戈直集論

論君臣鑒戒六　論擇官七

論封建八

君臣鑒戒第六 凡七章

貞觀三年太宗謂侍臣曰君臣本同治亂共安危若主納忠諫臣進直言斯故君臣合契古來所重若君自賢臣不匡正欲不危亡不可得也君失其國臣亦不能獨全其家至如隋煬帝暴虐臣下鉗口卒令不聞其過（卒子聿切令平聲）遂至滅亡虞世基等尋亦誅死前事不遠朕與卿等可得不慎無為後所嗤

《贞观政要》

《贞观政要》由唐代史学家吴兢所著，是一部政论性史书。《贞观政要》以记言为主，言简意赅地记录了贞观年间唐太宗李世民与臣下魏征、王珪、房玄龄、杜如晦等人关于施政问题的对话，包括大臣的谏议、劝谏奏疏，以及政治、经济上的重大建议等。

Friday

May 18

2018

2018 年

5 月 18 日

18

农历戊戌年・四月初四

星期五

鱼符

龟符

唐太宗李世民在贞观年间发给官员鱼符。它由木头或金属精制而成，形状像鱼，分左右两片，上凿小孔，以便系佩。鱼符刻有官员的姓名、任职衙门、级别、俸禄以及出行享受何种待遇等。鱼符的主要用途是证明官员的身份，便于应召出入宫门时进行验证。到武则天时，鱼符一度改为形状像龟的龟符，用途与鱼符相同。

Saturday

May 19

2018

2018 年

5 月 19 日

19

农历戊戌年 · 四月初五

星期六

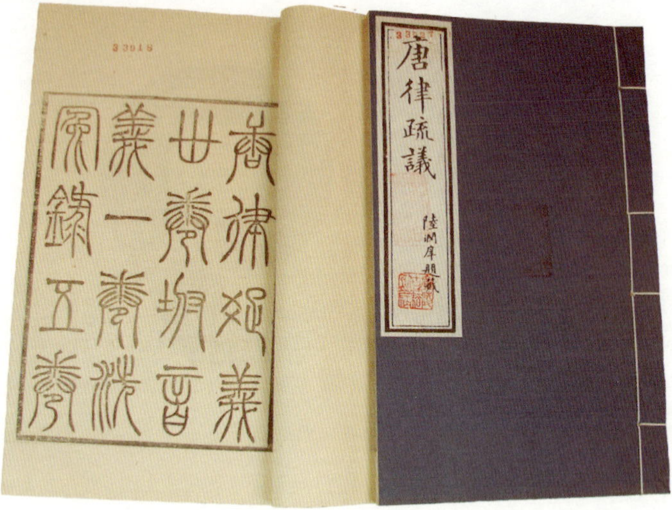

《唐律疏议》

《唐律》是中华法系最具代表性的法典之一，在中国古代法制史上占有特别重要的地位。从时间来看，它继往开来；从空间上看，其影响及于日本、越南等国。

Sunday

May 20

2018

2018 年

5 月 20 日

20

农历戊戌年 · 四月初六

星期日

《唐律疏议》

秋冬行刑，是汉代司法制度之一，并为后世沿袭并日益完善。据《唐律疏议·断狱》援引唐《狱官令》所作解释：“从立春至秋分，不得奏决死刑，违者徒一年。若犯恶逆以上及奴婢、部曲杀主者，不拘此令。”

Monday

May 21

2018

2018 年

5 月 21 日

小满

21

农历戊戌年·四月初七

星期一

长孙无忌像

《凌烟阁功臣图》中的长孙无忌像，清代画家刘源绘。

永徽年间，长孙无忌在《贞观律》的基础上主持修订《唐律疏议》，奠定唐朝两百多年的律法根本。

Tuesday

May 22

2018

2018 年

5 月 22 日

22

农历戊戌年・四月初八

星期二

李勣像

李勣像，南薰殿藏本，现藏丁“台北故宫博物院”。

李勣（公元594~669年），曹州离狐人（今山东菏泽市东明县）。大唐《永徽律》的编纂者之一。李勣一生历事唐高祖、唐太宗、唐高宗三朝，深得朝廷信任和重任。

Wednesday

May 23

2018

2018 年

5 月 23 日

23

农历戊戌年・四月初九

星期三

于志宁像

于志宁像，来自唐阎立本创作的《十八学士图》。

于志宁（公元 588~665 年），雍州高陵（今陕西高陵）人，唐朝宰相，为《永徽律》编纂者之一。

Thursday

May 24

2018

2018 年

5 月 24 日

24

农历戊戌年 · 四月初十

星期四

狄仁杰像

狄仁杰像，南薰殿藏本，现藏丁“台北故宫博物院”。

狄仁杰（公元630~700年），字怀英，并州人（今山西太原），唐代政治家。唐高宗初累迁大理丞，断案一万七千人，无冤假错案。任豫州刺史时，挽救误判死刑者两千多人。

Friday

May 25

2018

2018 年

5 月 25 日

25

农历戊戌年 · 四月十一

星期五

观世音菩萨

《观世音菩萨》，唐代绢画，现藏于大英博物馆。

佛教传入中国后，对汉语产生深远影响，从下列词组就可以感受一二：平等、律师、真相、利益、意识、控告、宗旨、智慧、相应、现身说法、前因后果。

Saturday

May 26

2018

2018 年

5 月 26 日

26

农历戊戌年 · 四月十二

星期六

道教主题绘画

此图为唐代画家吴道子的一幅道教主题绘画，现藏于美国波士顿美术博物馆。

道教与中国传统法律文化有一定的联系。道教清净无为的思想对中国古代特别是唐、宋的立法指导思想产生了一定的影响。

Sunday

May 27

2018

2018 年

5 月 27 日

27

农历戊戌年・四月十三

星期日

召试县令图

唐史记载，玄宗认为，县令系亲民之官，县令不好，则一方之人皆受其害，故常加意此官。当时有吏部新选的县令二百余人，玄宗都召至殿前，亲自出题考试。

Monday

May 28

2018

2018 年

5 月 28 日

28

农历戊戌年 · 四月十四

星期一

杨贵妃上马图（局部）

《杨贵妃上马图》中的唐玄宗（骑白马者）部分，元代画家钱选作品，现藏于美国弗利尔美术馆。

天宝六年（公元 747 年），唐玄宗在南郊大赦中宣布："朕承大道之训，务好生之德，施令约法，已去极刑。议罪执文，犹存旧制。既措而不用，亦恶闻其名。自今以后，断绞斩者刑，宜削除此条，仍令法官约近例详定处分。"

Tuesday

May 29

2018

2018 年

5 月 29 日

29

农历戊戌年・四月十五

星期二

杨贵妃上马图（局部）

《杨贵妃上马图》中的杨贵妃部分。

唐代法律从婚姻关系的建立、夫妻相互间的地位、婚姻关系的解除等方面确立了较为完备的婚姻制度。建立婚姻关系，需订立“婚书”。婚书订立，男女双方的婚姻关系即初步确立，受到法律保护。

Wednesday

May 30

2018

2018 年

5 月 30 日

30

农历戊戌年 · 四月十六

星期三

宫女图（局部）

唐代永泰公主墓《宫女图》（局部），现藏于陕西历史博物馆。

唐代强制离婚有两种情形：一是当事人在身份上属于法律所禁止为婚的范围，构成“违律为婚”。二是夫妻一方对于对方的亲属实施侵害行为，或者夫妻双方亲属之间发生侵害行为，符合法定“义绝”条件。

Thursday

May 31

2018

2018 年

5 月 31 日

31

农历戊戌年・四月十七

星期四

六月

JUNE

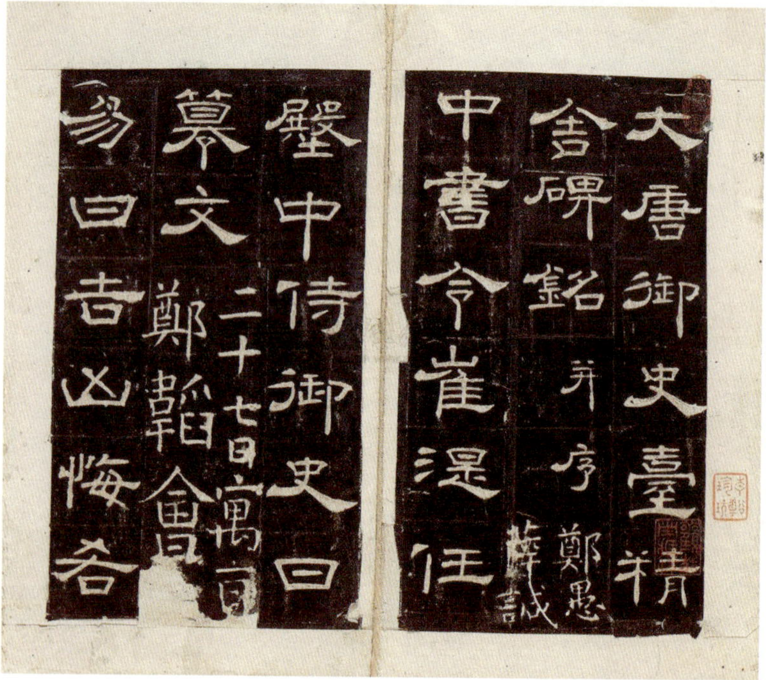

大唐御史台精舍碑铭

大唐御史台精舍碑，唐开元十一年（公元 723 年）刻立。

该碑为研究唐代监察制度、机构、狱政措施、立法状况、法制思想特别是宗教与古代法律制度提供了重要线索。

Friday

Jun. 1

2018

2018 年

6 月 1 日

1

农历戊戌年・四月十八

星期五

琉璃堂人物图（左半部）

《琉璃堂人物图》，作者不详，现藏于美国纽约大都会艺术博物馆。

据考证，此图描绘的是唐玄宗时期著名诗人王昌龄任江宁县丞时，在县衙旁的琉璃堂与诗友们雅集的故事。

Saturday　　　　2018 年

Jun. 2　　　　6 月 2 日

2018

2

农历戊戌年・四月十九

星期六

琉璃堂人物图（右半部）

荐举是选拔官员的一种方式，最早可以追溯到先秦时期，唐朝的荐举制度从临时的、辅助性的选官方式变成制度型的重要选官方式，为日后宋朝荐举制的完善创造了前提。

Sunday

Jun. 3

2018

2018 年

6 月 3 日

3

农历戊戌年・四月二十

星期日

遣使赈恤图

《遣使赈恤图》，取自《帝鉴图说》。

唐宪宗元和四年（公元809年），南方大旱，百姓饥荒，宪宗命左司郎中郑敬等为各道宣慰使，分头赈济饥民。

Monday

Jun. 4

2018

2018 年

6 月 4 日

4

农历戊戌年・四月廿一

星期一

裴度像

裴度像，南薰殿藏本，现藏于“台北故宫博物院”。

裴度（公元 765~839 年），河东闻喜（今山西闻喜东北）人，唐代中期杰出的政治家。裴度坚持正道，辅佐宪宗实现“元和中兴”。

Tuesday 2018 年

Jun. 5 6 月 5 日

2018

5

农历戊戌年・四月廿二

星期二

白居易像

白居易像，南薰殿藏本，现藏于“台北故宫博物院”。

“封驳”，是指中书门下省有权封还皇帝失宜诏令，驳正臣下奏章违误。白居易曾论及：“凡制敕有不便于时者，得封奏之；刑狱有未合于理者，得驳正之；天下冤滞无告者，得与御史纠理之；有司选补不当者，得与侍中裁退之。”

Wednesday

Jun. 6

2018

2018 年

6 月 6 日

芒種

6

农历戊戌年・四月廿三

星期三

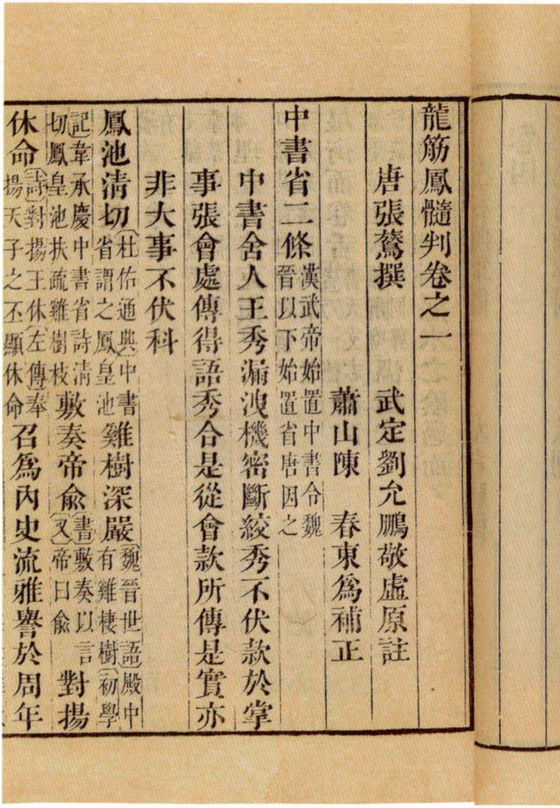
龍筋鳳髓判卷之一

唐張鷟撰　武定劉允鵬敬虛原註

蕭山陳　春東為補正

中書省二條 漢武帝始置中書令魏晉以下始置省唐因之

中書舍人王秀漏洩機密斷絞秀不伏款於掌事張會處傳得語秀合是從會款所傳是實亦非大事不伏科

鳳池清切（杜佑通典）中書省謂之鳳皇池雞樹深嚴（魏晉世語）殿中有雞棲樹（初學記）韋承慶中書省詩清切鳳皇池扶疏雞樹枝敷奏帝俞（書）敷奏以言（又）帝曰俞對揚休命（詩）對揚王休（左傳）奉揚天子之丕顯休命召為內史流雅譽於周年

《龙筋凤髓判》

张鷟为盛唐时期著名的法律学家，他编撰的《龙筋凤髓判》记录了中央与地方部门的七十九条判例著由，唐朝编例得以传世，并为宋元明清各代继承。

Thursday

Jun. 7

2018

2018 年

6 月 7 日

7

农历戊戌年 · 四月廿四

星期四

天王送子图（局部）

《天王送子图》，又名《释迦降生图》，乃吴道子根据佛典《瑞应本起经》绘画。

唐代继续实行嫡长子继承的宗祧制度。宗是近祖之庙，祧是远祖之庙，联称表示祖庙祭祀，引申为对祖宗血脉的延续，对宗统的继承。

Friday

Jun. 8

2018

2018 年

6 月 8 日

8

农历戊戌年・四月廿五

星期五

柏孜克里克石窟壁画

柏孜克里克石窟的一幅壁画，描绘的是唐代商人们过关卡时的情形。

唐代对外贸易很发达，陆上有“丝绸之路”，水路有广州、扬州、明州（宁波）、登州（山东蓬莱）等重要城市和港口。对外贸易采取国家专营政策，在少府监下设互市监，掌管陆路边关贸易，设市舶司掌管水路贸易。

Saturday

Jun. 9

2018

2018 年

6 月 9 日

9

农历戊戌年・四月廿六

星期六

柏孜克里克石窟壁画

柏孜克里克石窟的一幅壁画，描绘的是唐代商人们过关卡时的情形。

过所，是古代通过水陆关隘时必须出示的交通证明书。唐朝的过所由中央尚书省或地方都督府或州颁发。

Sunday

Jun. 10

2018

2018 年

6 月 10 日

10

农历戊戌年・四月廿七

星期日

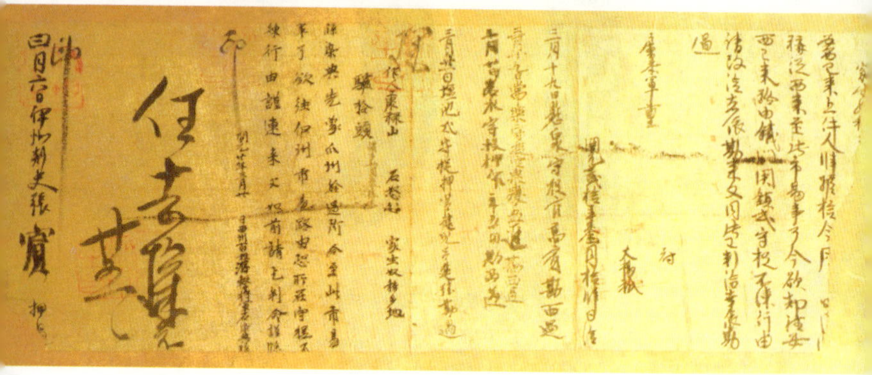

《石染典过所》

《石染典过所》，现藏于新疆维吾尔自治区博物馆。

石染典是人的名字，其身份可能是唐代商人，过所是他为通过关卡而向官府申领的通行证。

Monday

Jun. 11

2018

2018 年

6 月 11 日

11

农历戊戌年・四月廿八

星期一

斜封除官图

《斜封除官图》，出自《帝鉴图说》。

“斜封官”，也称“墨敕斜封官”，是唐代对由非正式程序任命的官员的一种蔑视性称呼。这种官职的任命状是斜封的，要从侧门交付中书省办理，而且它上面所书“敕”字是用墨笔，这与中书省黄纸朱笔正封的敕命是不一样的，“斜封官”由此得名。

Tuesday

Jun. 12

2018

2018 年

6 月 12 日

12

农历戊戌年 · 四月廿九

星期二

唐人宫乐图（左半部）

《唐人宫乐图》描绘的是后宫嫔妃十人围坐于一张巨型方桌四周，有的品茗，有的行酒令。原作现藏于“台北故宫博物院”。

唐代建立了庞大的、分工细密的手工业生产管理机构。在中央，管理手工业的机构有：工部、少府监（管理百工技巧）、将作监（管理土木工匠）、军器监（掌管弩甲制造）；在地方，有矿冶监、铸铁监等。

Wednesday

Jun. 13

2018

2018 年

6 月 13 日

13

农历戊戌年 · 四月三十

星期三

唐人宫乐图（右半部）

唐朝手工业有官营和私营两种。官营手工业产品主要供国家使用，私营手工业产品主要供商贾贩卖。唐朝对手工业的主要产品布帛的规格做了统一的规定。为了保证手工业产品的质量，还规定了责任制。

Thursday

Jun. 14

2018

2018 年

6 月 14 日

14

农历戊戌年・五月初一

星期四

唐课税银铤 *

唐课税银铤，展陈于陕西历史博物馆。

唐代《赋役令》规定，国家征收赋税是有期限的，违期将被处以刑罚。《唐律疏议·户婚》曰："诸部内输课税之物，违期不充者，以十分论，一分笞四十，一分加一等。[州县皆以长官为首，佐职以下节级连坐]户主不充者，笞四十。"

* 供图：李雪梅。

Friday

Jun. 15

2018

2018 年

6 月 15 日

15

农历戊戌年・五月初二

星期五

瓜州榆林窟第五窟前厅的天王壁画

瓜州榆林窟，位于甘肃省瓜州县。

《大中刑律统类》颁行于唐宣宗大中七年（公元853年），将《唐律疏议》的条文按性质拆分为一百二十一门，然后将“条件相类”的令、格、式及敕附于律文之后。这种将律、令、格、式、敕混为一体，分门编排的体例，开辟了新的立法形式，后人简称该形式为“刑统”。

Saturday

Jun. 16

2018

2018 年

6 月 16 日

16

农历戊戌年・五月初三

星期六

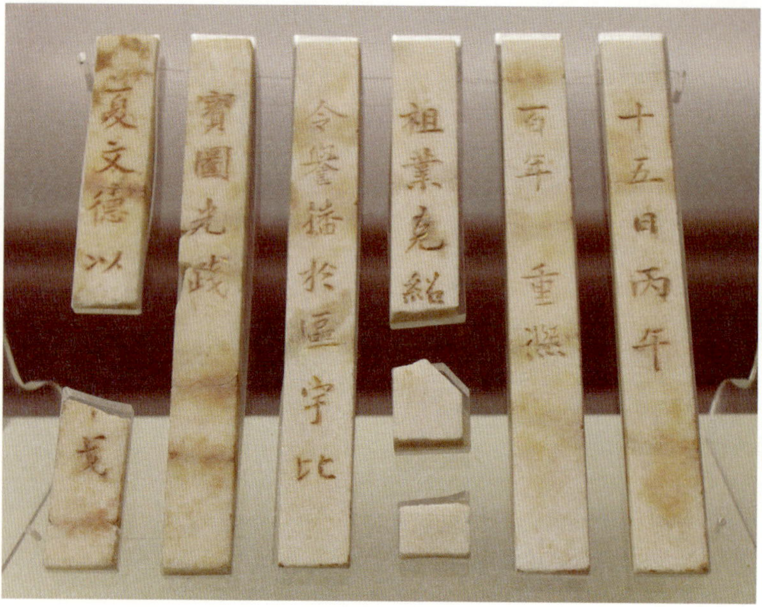

唐哀宗即位玉册*

唐哀宗即位玉册，曾展陈于首都博物馆。

玉册内容为唐哀宗即位册文，是研究唐代礼仪制度的珍贵资料。

*供图：李雪梅。

Sunday

Jun. 17

2018

2018 年

6 月 17 日

17

农历戊戌年·五月初四

星期日

钱镠免死铁券*

钱镠免死铁券，展陈于中国国家博物馆。

唐乾宁三年（公元896年），董昌称帝，钱镠平定了董昌，唐昭宗钦赐“金书铁券”，铭文刻有“卿恕九死，子孙三死，或犯常刑，有司不得加责。承我信誓，往惟钦哉！宜付史馆，颁示天下”。

*供图：李雪梅。

Monday

Jun. 18

2018

2018 年

6 月 18 日

端午

18

农历戊戌年 · 五月初五

星期一

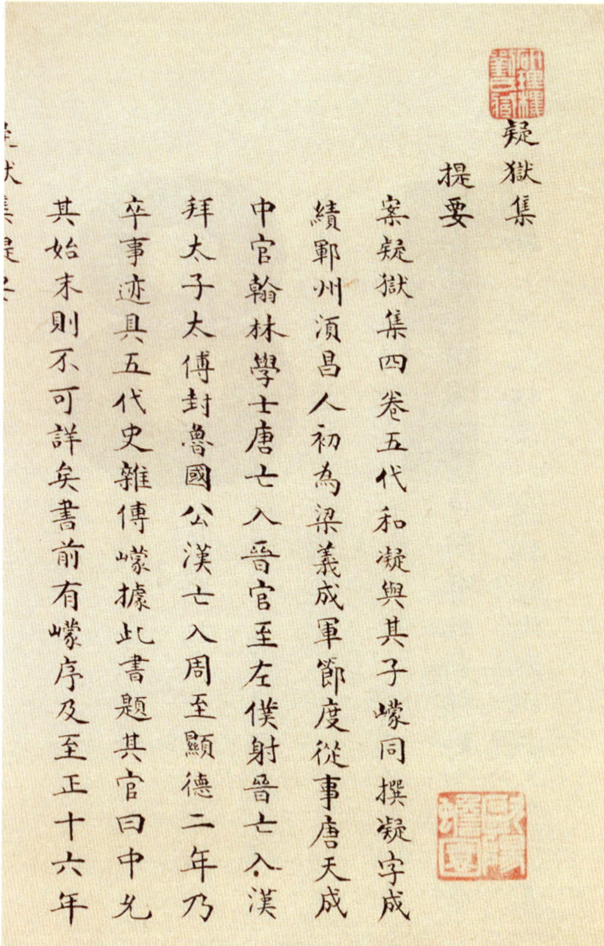

疑獄集

提要

案疑獄集四卷五代和凝與其子㠓同撰凝字成績鄆州須昌人初為梁義成軍節度從事唐天成中官翰林學士唐亡入晉官至左僕射晉亡入漢拜太子太傅封魯國公漢亡入周至顯德二年乃卒事迹具五代史雜傳㠓據此書題其官曰中允其始末則不可詳矣書前有㠓序及至正十六年

《疑狱集》

《疑狱集》为五代后晋和凝、和蒙父子编著，共四卷，辑录了汉至五代情节复杂、争讼难决而最后获得了正确处理的案件，包括御史奏状、李崇还儿、丙吉辨影、黄霸戮乱等一百例，对各案例逐一进行分析，对司法检验方面的经验也做了详细介绍。

Tuesday

Jun. 19

2018

2018 年

6 月 19 日

19

农历戊戌年 · 五月初六

星期二

柴荣像

后周世宗柴荣像，南薰殿藏本，现藏于“台北故宫博物院”。

后周显德五年（公元958年），后周行《大周刑统》。《大周刑统》以律为主，把相关的敕、令、格、式等进行分类汇编。

Wednesday

Jun. 20

2018

2018 年

6 月 20 日

20

农历戊戌年 · 五月初七

星期三

赵匡胤像

宋太祖赵匡胤像，南薰殿藏本，现藏于“台北故宫博物院”。

宋太祖、宋太宗率先亲自复审罪囚，并下令两京、诸县和长吏督促狱椽每五日一录囚（后改为十日一次）奏报朝廷，定为常制。

Thursday

Jun. 21

2018

2018 年

6 月 21 日

夏至

21

农历戊戌年 · 五月初八

星期四

宋太祖洞开重门图

《宋太祖洞开重门图》，清代女画家陈书所绘，现藏于北京故宫博物院。

宋太祖命增修宫阙，坐寝殿中令洞开诸门，皆端直通豁。太祖谓左右曰：“此如我心，少有邪曲，人皆见之。”

Friday

Jun. 22

2018

2018 年

6 月 22 日

22

农历戊戌年・五月初九

星期五

雪夜访普图

《雪夜访普图》由明代画家刘俊所绘，现藏于北京故宫博物院。

此画描绘宋太祖赵匡胤雪夜访赵普的历史故事。赵匡胤对于王朝频繁更迭的现象深感忧心，在与宰相赵普多次会谈后总结出一个道理：“藩镇太重，君弱臣强。”

Saturday

Jun. 23

2018

2018 年

6 月 23 日

23

农历戊戌年 · 五月初十

星期六

赵匡胤像

宋王朝的最高统治者对法律的重要性有十分清醒的认识。宋太祖说："王者禁人为非，乃设法令。"太宗认为："法律之书，甚资政理。人臣若不知法，举动是过，苟能读之，益人知识。"

Sunday

Jun. 24

2018

2018 年

6 月 24 日

24

农历戊戌年・五月十一

星期日

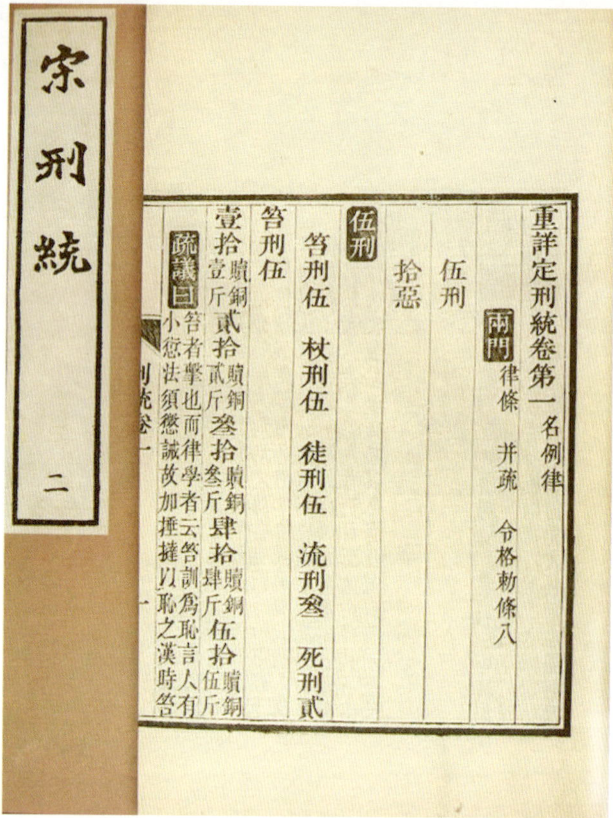

《宋刑统》

宋太祖建隆四年（公元963年），《宋建隆详定刑统》（简称《宋刑统》）颁行，为宋朝第一部刑事法典，也是我国历史上第一部刊印颁行的法典。

Monday

Jun. 25

2018

2018 年

6 月 25 日

25

农历戊戌年 · 五月十二

星期一

赵炅像

宋太宗赵炅（本名匡义，又名光义）像，南薰殿藏本，现藏于“台北故宫博物院”。

宋太宗时，在禁中设置审刑院。各地上奏死刑案件，先由大理寺断覆，再交审刑院详议裁决，然后奏呈皇帝定夺。

Tuesday

Jun. 26

2018

2018 年

6 月 26 日

26

农历戊戌年 · 五月十三

星期二

赵恒像

宋真宗赵恒像，南薰殿藏本，现藏于“台北故宫博物院”。

宋代充分吸取了唐、五代时科场积弊的教训，在科举考试中采取了一系列防微杜渐的措施，在一定程度上促进了科举制的发展。

Wednesday

Jun. 27

2018

2018 年

6 月 27 日

27

农历戊戌年・五月十四

星期三

赵祯像

清代姚文瀚所绘《历代帝王像》中的宋仁宗赵祯像，现藏于美国纽约大都会博物馆。

宋朝在科举系统中设置了“明法科”，主要测试考生对于法理、断案、经义的理解。明法科出身的进士通常可获授法官之职。

Thursday

Jun. 28

2018

2018 年

6 月 28 日

28

农历戊戌年 · 五月十五

星期四

范仲淹像

庆历新政为北宋仁宗庆历年间进行的改革。范仲淹向仁宗上《答手诏条陈十事疏》，提出“明黜陟、抑侥幸、精贡举、择官长、均公田、厚农桑、修武备、减徭役、覃恩信、重命令”十项改革主张。仁宗采纳了大部分意见，施行新政。

Friday

Jun. 29

2018

2018 年

6 月 29 日

29

农历戊戌年 · 五月十六

星期五

韩琦像

韩琦（公元1008~1075年），相州安阳（今河南安阳）人。在朝中，他运筹帷幄，使“朝迁清明，天下乐业”；在地方，他忠于职守，勤政爱民。

Saturday

Jun. 30

2018

2018 年

6 月 30 日

30

农历戊戌年・五月十七

星期六

七月

JULY

包拯像

包拯（公元 999~1062 年），庐州（今安徽合肥肥东）人。因曾任天章阁待制、龙图阁学士，故世称“包待制”“包龙图”。

Sunday

Jul. 1

2018

2018 年

7 月 1 日

1

农历戊戌年・五月十八

星期日

宋《劝慎刑文》和《慎刑箴》*

《劝慎刑文》和《慎刑箴》同刻一碑，分刻于碑阳和碑阴，均刻于天圣六年（公元 1028 年）。北宋初年礼部尚书晁迥撰文，庞房篆额。碑石现存陕西西安碑林。此碑融传统经典与佛教思想于一体，是佛教影响法律的标本性文献。

*图文来源于《中国法律评论》2017 年第 5 期（总第 17 期），作者为李雪梅，有删节。

Monday

Jul. 2

2018

2018 年

7 月 2 日

2

农历戊戌年・五月十九

星期一

赵顼像

宋神宗赵顼像，南薰殿藏本，现藏于“台北故宫博物院”。

宋神宗赵顼对疲弱的政治深感不满，且他素来欣赏王安石的才干，故即位后立即命王安石推行变法，以期振兴北宋王朝，史称“王安石变法”（又称“熙宁变法”）。

Tuesday

Jul. 3

2018

2018 年

7 月 3 日

3

农历戊戌年・五月二十

星期二

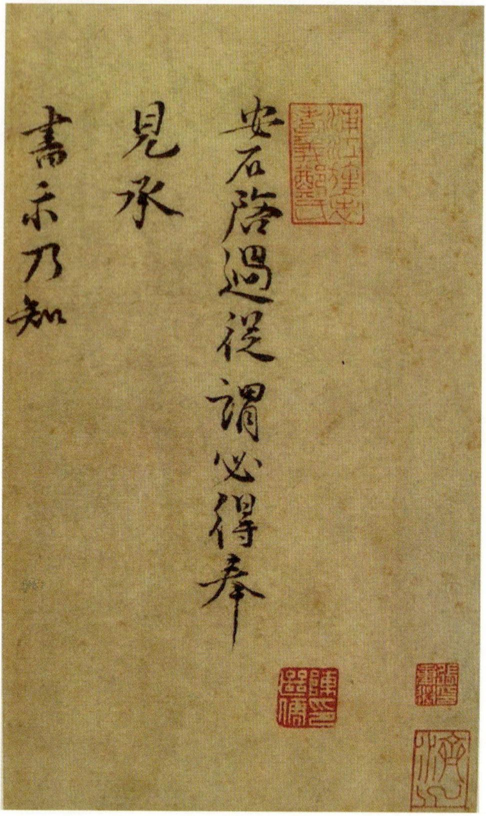

致通判比部尺牍

《致通判比部尺牍》（《过从帖》，亦称《奉见帖》），为王安石唯一传世的书法，现藏于“台北故宫博物院”。

Wednesday

Jul. 4

2018

2018 年

7 月 4 日

4

农历戊戌年 · 五月廿一

星期三

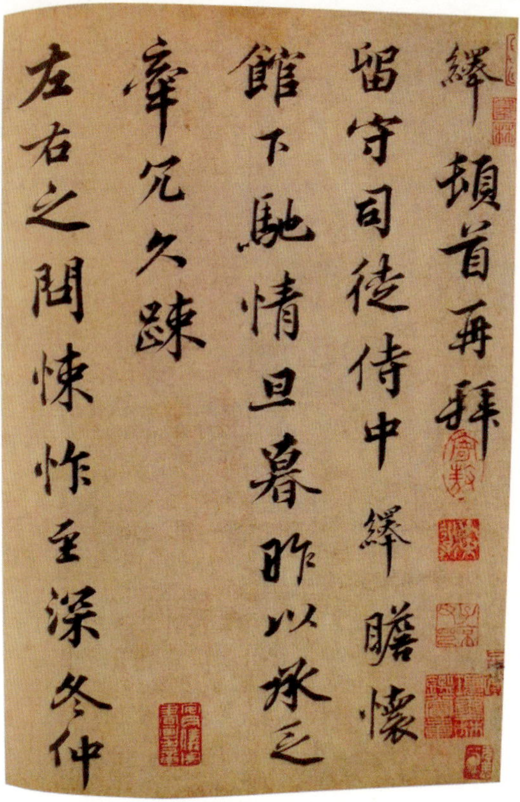

致留守司徒侍中尺牍

《致留守司徒侍中尺牍》为宋代韩绎的书法作品，现藏于“台北故宫博物院”。

韩绎为“熙宁变法”的重要参与者。“熙宁变法”以前，宰相、枢密使不得与闻财政大计，造成兵、财、民三权的脱节，问题丛生。为改变这种情况，熙宁二年(公元1069年)，宋神宗设立制置三司条例司，为决策机构。

Thursday

Jul. 5

2018

2018 年

7 月 5 日

5

农历戊戌年・五月廿二

星期四

“鄜延第四将带器械”铜牌*

“鄜延第四将带器械”铜牌，北宋时期制造，展陈于中国国家博物馆。

这是实行将兵法后鄜延路（今陕西北部）第四将下属小军官佩戴的铜牌。

* 供图：李雪梅。

Friday

Jul. 6

2018

2018 年

7 月 6 日

6

农历戊戌年・五月廿三

星期五

王安石像

王安石像，清人绘。

王安石（公元 1021~1086 年），临川（江西抚州市临川区）人，北宋著名思想家、政治家、改革家。宋神宗熙宁二年（公元 1069 年）任命王安石为参知政事，开展变法。

Saturday

Jul. 7

2018

2018 年

7 月 7 日

小暑

7

农历戊戌年 · 五月廿四

星期六

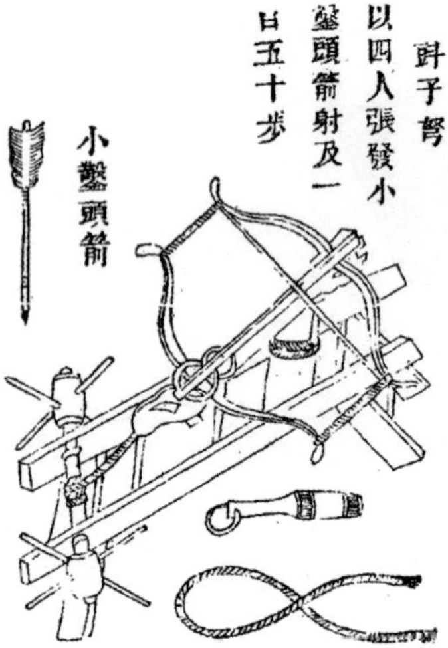

《武经总要》之“斗子弩”

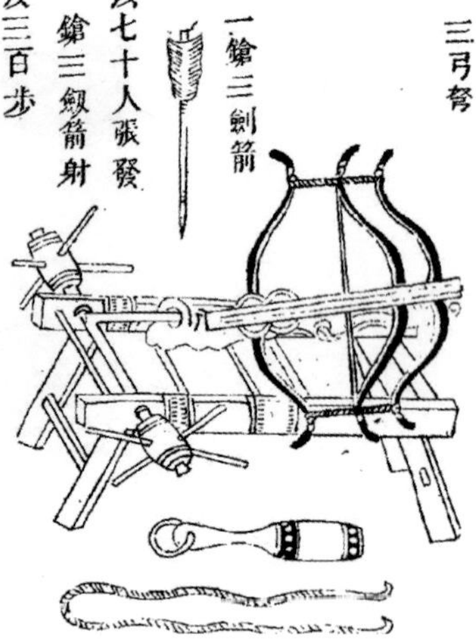

《武经总要》之“三弓弩”

《武经总要》是北宋官修的一部军事著作，是中国第一部规模宏大的官修综合性军事著作。宋神宗熙宁六年（公元 1073 年）颁行军器监法，仿唐代设军器监，负责监督制造武器。

Sunday

Jul. 8

2018

2018 年

7 月 8 日

8

农历戊戌年・五月廿五

星期日

西岳降灵图卷（局部）

北宋画家李公麟创作的《西岳降灵图卷》（局部），现藏于中国国家博物馆。

自宋神宗熙宁七年（公元1074年）始，在北方各路陆续分设一百多将，每将置正副将各一人，选派有武艺又有战斗经验的军官担任，专门负责本单位军队的训练，为将兵法。将兵法的实行提高了军队的战斗素质。

Monday

Jul. 9

2018

2018 年

7 月 9 日

9

农历戊戌年・五月廿六

星期一

浴马图卷（局部）

赵孟頫画作《浴马图卷》（局部），现藏于北京故宫博物院。

宋代保马法规定，养马户可减免部分赋税。三等以上户十户为一保，四等以下户十户为一社。保户马病死，由养马户单独赔偿；社户马病死，由养马户与其他九户共偿其半。保马法的实施，减省了官府的开支，所养马匹的死亡率较官养大为降低。

Tuesday

Jul. 10

2018

2018 年

7 月 10 日

10

农历戊戌年・五月廿七

星期二

大观圣作碑 *

西安碑林所藏宋《大观圣作碑》，原在陕西乾县文庙戟门外，1962年移入西安碑林。螭首龟趺，形体高大，约刻于大观二年（公元1108年），为宋代通行一时的教育法规。

*图文来源于《中国法律评论》2017年第5期（总第17期），作者为李雪梅，有删节。

Wednesday

2018 年

Jul. 11

7 月 11 日

2018

11

农历戊戌年・五月廿八

星期三

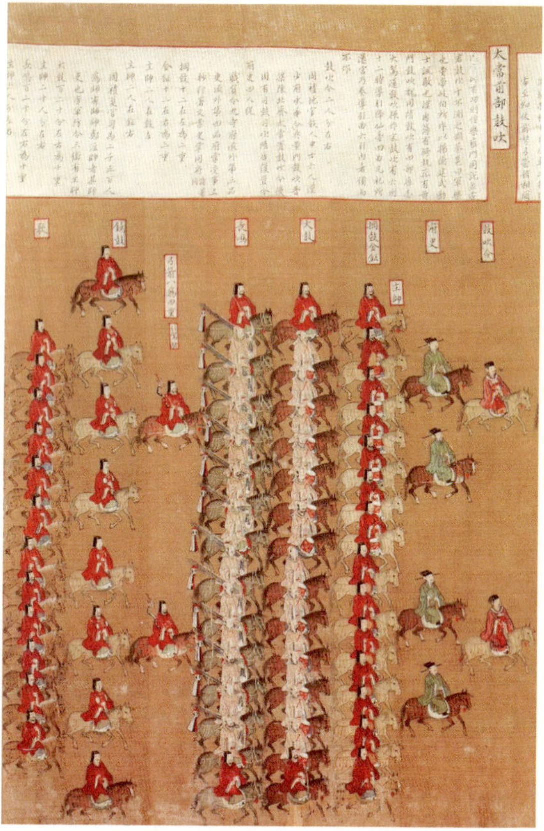

大驾卤簿图书（局部 1）

《大驾卤簿图书》，为北宋宫廷画师所绘，现藏于中国国家博物馆。

卤簿指的是古代皇宫仪仗队，宋代卤簿分为四等，大驾卤簿列为第一等，专用于南郊大礼。为便于官吏将士演练，宋太宗曾命人绘制了三幅卤簿图，藏于秘阁。

Thursday

Jul. 12

2018

2018 年

7 月 12 日

12

农历戊戌年・五月廿九

星期四

大驾卤簿图书（局部2）

宋承唐制，中央三大司法机关仍为大理寺、刑部、御史台。刑部作为司法行政机关，同时负责复核大理寺所断全国的死刑已决案件。大理寺为中央最高审判机关，负责审理地方各州县上报的刑事案件以及京城百官案件，实行审判分离。御史台的职能主要是监察文武百官，纠弹违法，肃正纲纪，同时也具有司法审判方面的职能。

Friday

Jul. 13

2018

2018 年

7 月 13 日

13

农历戊戌年・六月初一

星期五

大驾卤簿图书（局部3）

宋代实行的是疑狱奏谳制度。所谓疑狱，主要指“刑名疑虑、情理可悯、尸不经验、杀人无证”等事实不清和适用法律有困难的案件，对疑难案件“皆许奏裁”。

Saturday

Jul. 14

2018

2018 年

7 月 14 日

14

农历戊戌年・六月初二

星期六

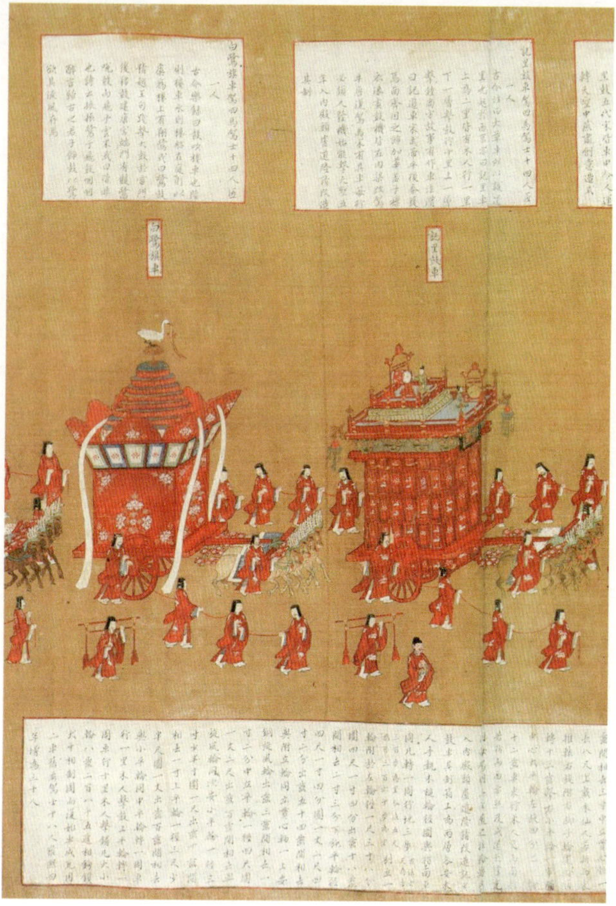

大驾卤簿图书（局部4）

宋代的敕是指皇帝对特定的人或事所作的命令。敕的效力往往高于律，成为断案的依据。编敕，是指将一个个单行的敕令整理成册，上升为一般法律形式的立法过程。编敕是宋代一项重要和频繁的立法活动。

Sunday

Jul. 15

2018

2018 年

7 月 15 日

15

农历戊戌年・六月初三

星期日

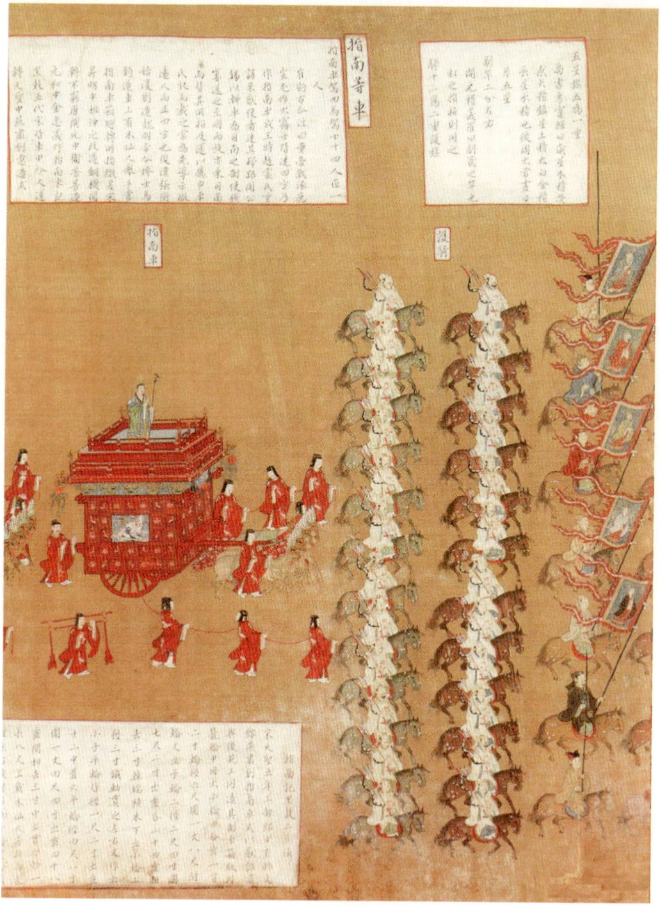

大驾卤簿图书（局部5）

宋朝一切政务活动都是在皇帝名义下进行的。皇帝掌握最高司法权，不但亲自审决重大案件和发动诏狱，而且对全国的司法活动进行控制和监督。

Monday

Jul. 16

2018

2018 年

7 月 16 日

16

农历戊戌年・六月初四

星期一

大驾卤簿图书（局部6）

宋初设置司理参军，是宋朝地方司法权整顿的重要措施，亦是地方属官体制改革的重要手段。司理参军作为刑狱官的专职化，是宋代“狱贵初情”的重要表现，极大地促进了宋朝州级司法“特于详断之初”的科学化；司理参军的设置，形成了“鞫司”，亦使宋代司法参军检法职能专职化，形成“谳司”。*

*参见霍存福：《宋代法官的职业操守——对府州司理参军、司法参军的履职考察》，载《北方论丛》2016年第6期。

Tuesday

Jul. 17

2018

2018 年

7 月 17 日

17

农历戊戌年・六月初五

星期二

大驾卤簿图书（局部7）

宋初，中央监察机构仍为御史台，以御史中丞为长官，行“纠察官邪、肃正官纪”之任。御史台是集行政监察与司法监督于一身的中央最高专门监察机构。

Wednesday

Jul. 18

2018

2018 年

7 月 18 日

18

农历戊戌年・六月初六

星期三

大驾卤簿图书（局部8）

参知政事，官名，简称“参政”，是高级政务长官之一，与同平章事、枢密使、枢密副使合称“宰执”，宋代以参知政事为副宰相，范仲淹、欧阳修、王安石都曾任此职。

Thursday

Jul. 19

2018

2018 年

7 月 19 日

19

农历戊戌年・六月初七

星期四

大驾卤簿图书（局部9）

提点刑狱司，官署名，是宋代中央派出的“路”一级司法机构，简称“提刑司”“宪司”“宪台”。监督管理所辖州府的司法审判事务，审核州府卷案，可以随时前往各州县检查刑狱，举劾在刑狱方面失职的州府官员。

Friday

Jul. 20

2018

2018 年

7 月 20 日

20

农历戊戌年 · 六月初八

星期五

大驾卤簿图书（局部10）

宋朝法官在审理轻微罪（杖以下）案件时，通常在对犯罪人作出刑罚判决之后，基于情理法的衡平考虑，先将判决书入匣，暂不执行判决的刑罚，称为“封案”或“寄杖”。如果犯罪人能够悔改，则刑罚不再执行；如果犯罪人不思悔改，则开匣取出判决书，执行刑罚，称为“拆断”。

Saturday

Jul. 21

2018

2018 年

7 月 21 日

21

农历戊戌年・六月初九

星期六

大驾卤簿图书（局部 11）

鼓院是北宋时期建立的专门信访机构，受理无法通过正常程序递交到皇帝手中的文书，其内容多种多样。凡吏民投书鼓院被拒绝或感到处理不公正时，可再次向检院投书。检院收到投书后，一般每五日上书一次；如事关紧急，即日就上呈皇帝。

Sunday

2018 年

Jul. 22

7 月 22 日

2018

22

农历戊戌年・六月初十

星期日

大驾卤簿图书（局部 12）

宋代，当犯人不服判决临刑称冤或家属代为申冤时，改由另一个司法机关重审或监司另派官员复审，这一制度被称为“翻异别勘”。

Monday

Jul. 23

2018

2018 年

7 月 23 日

大暑

23

农历戊戌年・六月十一

星期一

大驾卤簿图书（局部 13）

宋代的试刑法是从在任官员中选拔法官的考试制度。试刑法又称“试法官”“试刑法官”“试刑名”“试断案”等，由刑部、大理寺等中央司法机构主持，考试对象是京官、朝官、幕职州县官，考试的内容为律令大义和断案。

Tuesday

Jul. 24

2018

2018 年

7 月 24 日

24

农历戊戌年 · 六月十二

星期二

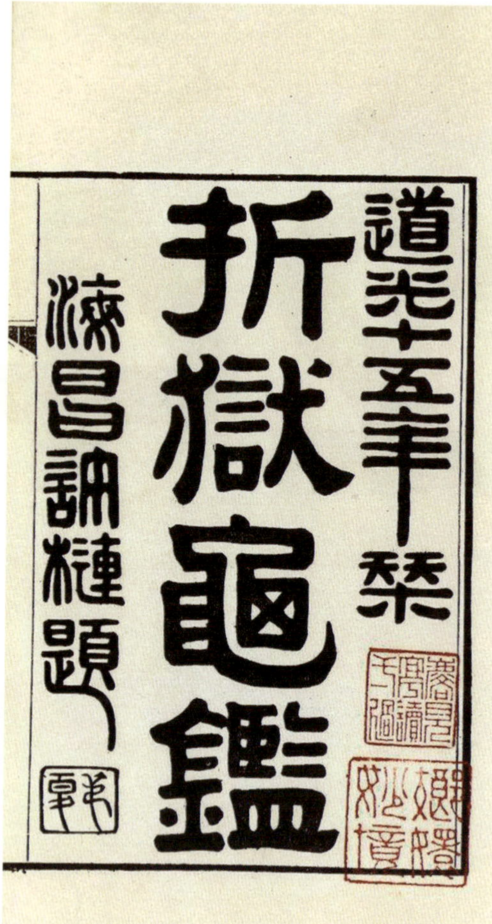

《折狱龟鉴》

《折狱龟鉴》是中国古代一部著名的案例汇编，宋代郑克编著。该书以五代和凝、和𡐓父子所著《疑狱集》的案例为基础，逐条增补，共二百七十六条，三百九十五例。

Wednesday

Jul. 25

2018

2018 年

7 月 25 日

25

农历戊戌年・六月十三

星期三

十八学士图·琴

《十八学士图》之“琴”，画家不详，宋代作品，现藏于“台北故宫博物院”。

“鞫”字出现的时间可能是在春秋时期，《尔雅·释言》：“鞫，究，穷也。”“鞫”字显然非常符合审理案件的态度和精神。古代司法审判中的“鞫”字包括：谳鞫、鞫人、读鞫、鞫理、会鞫、勘鞫、鞫实、诘鞫、鞫劾、鞫问、鞫引、严鞫、鞫审、研鞫、拶鞫、鞫系、鞫正、鞫狱、鞫誓、乞鞫、穷鞫、鞫按、鞫谳、鞫考、考鞫、鞫讯、逮鞫、廷鞫、鞫勘、鞫决、鞫治、询鞫、面鞫、杂鞫、鞫情、育鞫、鞫报、推鞫、鞫囚。

Thursday

Jul. 26

2018

2018 年

7 月 26 日

26

农历戊戌年・六月十四

星期四

十八学士图·棋

“谳”字出现得非常早，例如，《礼记·文王世子》：“狱成，有司谳于公。”古代司法审判中的“谳”字包括：左谳、奏谳、狱谳、疑谳、议谳、谳平、谳鞫、谳稿、谳奏、谳狱、谳疑、谳事、谳筐、谳员、谳书、谳鞫、谳讯、谳论、谳法、谳刑、谳牍、谳鼠、谳治、谳局、谳决、谳囚、谳文、谳笔、谳正、谳议、谳语、谳定、谳案、谳报、谳词、讯谳、谳驳、信谳、刑谳、详谳、上谳、辩谳、刺谳、断谳、定谳、覆谳、会谳、进谳、鞫谳、静谳、考谳、决谳、论谳、平谳、请谳、秋谳、谳问。

Friday

Jul. 27

2018

2018 年

7 月 27 日

27

农历戊戌年 · 六月十五

星期五

十八学士图·书

宋有司理参军，掌讼狱勘鞫；又有司法参军，掌议法断刑。法官职业操守以“据法、守正”为重要组成部分。

Saturday

Jul. 28

2018

2018 年

7 月 28 日

28

农历戊戌年・六月十六

星期六

十八学士图·画

宋朝的理雪制度，是指当事人或其亲属不服刑事判决向上申诉的制度。其目的在于防止冤案的发生，理雪案件的期限是判决后的三年。

Sunday

Jul. 29

2018

2018 年

7 月 29 日

29

农历戊戌年 · 六月十七

星期日

婴戏类绘画（画名不详）

此画为北宋画家李公麟作品。

宋代，在各郡县设有慈幼局，专门拨出官田五百亩，将田亩产出作为慈幼局的日常运作经费。凡经济贫困、无力抚育子女的人家，都可以把孩子抱到慈幼局，交由慈幼局专门聘请的乳母喂养。没有孩子的人家也可以到慈幼局里抱养孩子。

Monday

Jul. 30

2018

2018 年

7 月 30 日

30

农历戊戌年 · 六月十八

星期一

北宋开封殿试

殿试，是指皇帝亲自在大殿上开科取士，亲自监考选拔人才。据《旧唐书》记载，第一次殿试是在唐高宗显庆四年（公元659年）。

Tuesday

Jul. 31

2018

2018 年

7 月 31 日

31

农历戊戌年・六月十九

星期二

八月

AUGUST

清明上河图（局部 1）

张择端《清明上河图》的仿作，现藏于“台北故宫博物院”。

宋神宗熙宁二年（公元 1069 年）颁布青苗法。青苗法是青黄不接时期救济农民的政策。根据青苗法，农民播种时期可向政府低息借贷现金（或者实物“青苗”），收获后返还。

Wednesday

Aug. 1

2018

2018 年

8 月 1 日

1

农历戊戌年・六月二十

星期三

清明上河图（局部2）

宋神宗熙宁五年（公元1072年）颁行市易法。市易的意思是“市场交易”，市易法是给商人低息贷款的政策。

Thursday

Aug. 2

2018

2018 年

8 月 2 日

2

农历戊戌年・六月廿一

星期四

清明上河图（局部3）

保甲法是让普通民众负责保卫国家和维持治安的政策。农闲时集合保丁，进行训练；夜间轮差巡查，维持治安。

Friday

Aug. 3

2018

2018 年

8 月 3 日

3

农历戊戌年 · 六月廿二

星期五

清明上河图（局部 4）

募役法又称免役法，废除原来按户等轮流充当州、县差役的办法，改由州、县官府出钱雇人应役，各州县预计每年雇役所需经费，由民户按户等高下分摊。

Saturday

Aug. 4

2018

2018 年

8 月 4 日

4

农历戊戌年・六月廿三

星期六

清明上河图（局部5）

宋朝改变均输法，采取“徙贵就贱，用近易远”的原则。不再僵硬地向各地征敛赋税，而是到歉收而物价高涨的地区征收钱币，用钱币到丰收地区贱价购买物资。

Sunday

Aug. 5

2018

2018 年

8 月 5 日

5

农历戊戌年・六月廿四

星期日

清明上河图（局部 6）

宋神宗熙宁五年（公元 1072 年），司农寺制定《方田均税条约》，诏令全国清查土地，按土地多少和土地好坏征税。这次全国大清查，查出了许多隐田，一定程度上减轻了农民的负担。

Monday

Aug. 6

2018

2018 年

8 月 6 日

6

农历戊戌年 · 六月廿五

星期一

清明上河图（局部7）

农田水利法奖励各地开垦荒田、兴修水利，由受益人户按户等高下出资兴修。在王安石的倡导下，一时形成“四方争言农田水利”的热潮。

Tuesday

Aug. 7

2018

2018 年

8 月 7 日

立秋

7

农历戊戌年・六月廿六

星期二

清明上河图（局部 8）

宋神宗熙宁六年（公元 1073 年），正式颁行免行法。免行法规定，各行商铺依据盈利的多寡，每月向市易务交纳免行钱，不再轮流以实物或人力供应官府。

Wednesday

Aug. 8

2018

2018 年

8 月 8 日

8

农历戊戌年・六月廿七

星期三

清明上河图（局部9）

“王安石变法”时创立的新科明法有两大特点：一是取消经、疏内容，而改试《刑统》大义和断案；二是明法科超过了进士科的地位。史称：“新科明法中者，吏部即注司法，叙名在及第进士之上。”

Thursday

Aug. 9

2018

2018 年

8 月 9 日

9

农历戊戌年・六月廿八

星期四

清明上河图（局部 10）

王安石提出了“教之、养之、取之、任之”的系统人才观。“教之”，即通过学校教育来培养人才；“养之”，即优待和栽培人才；“取之”，即发现、选拔人才；“任之”，即任用人才。

Friday

Aug. 10

2018

2018 年

8 月 10 日

10

农历戊戌年・六月廿九

星期五

清明上河图（局部 11）

王安石大规模扩充和整顿了太学，并由中央政府发给经费，完善了地方的学校。到宋徽宗时，制度更加充实。

Saturday

Aug. 11

2018

2018 年

8 月 11 日

11

农历戊戌年 · 七月初一

星期六

清明上河图（局部 12）

养济院是我国古代收养穷人和乞丐的场所，和育婴堂、安济坊、居养院、福田院、漏泽园等都为古代的福利慈善机构。养济院遍及全国，一般是由政府出资修建，但也有以私人名义捐修的。

Sunday

Aug. 12

2018

2018 年

8 月 12 日

12

农历戊戌年 · 七月初二

星期日

清明上河图（局部 13）

宋太祖乾德三年（公元 965 年）诏令：汴京夜漏三鼓前不禁行人。真宗时取消夜禁，商业活动日夜进行。*

*参见张晋藩、郭成伟主编：《中国法制通史》（第 5 卷），法律出版社 1999 年版。

Monday

Aug. 13

2018

2018 年

8 月 13 日

13

农历戊戌年・七月初三

星期一

清明上河图（局部 14）

福田院即养老院，专门收容老幼残疾而无依靠之人。北宋嘉祐八年（公元 1063 年）复增设南北福田院，以安顿一般老幼贫疾之人。

Tuesday

Aug. 14

2018

2018 年

8 月 14 日

14

农历戊戌年 · 七月初四

星期二

清明上河图（局部 15）

市易法规定，药品贸易由政府控制，经营药品是政府专利，不允许私人经营。此法旨在稳定物价、保证药材品质，防止不法药商投机控制医药市场。

Wednesday

Aug. 15

2018

2018 年

8 月 15 日

15

农历戊戌年 · 七月初五

星期三

清明上河图（局部16）

北宋时商业贸易活跃频繁。农业的集市贸易和朝廷的海外贸易都较前朝有所发展。货币流通量增加，出现了世界上发行最早的纸币。*

*参见张晋藩、郭成伟主编：《中国法制通史》（第5卷），法律出版社1999年版。

Thursday

Aug. 16

2018

2018 年

8 月 16 日

16

农历戊戌年・七月初六

星期四

清明上河图（局部 17）

在宋代，重视工商、同情工商、保护工商成为士大夫的普遍意识。范仲淹在《四民诗》中说："尝闻商者云，转货赖斯民。上以利吾国，下以藩吾身。周官有常籍。岂云逐末人。"欧阳修主张："大国之善为术者，不惜其利而诱大商。此与商贾共利，取少而致多之术也。"

Friday

Aug. 17

2018

2018 年

8 月 17 日

七夕

17

农历戊戌年・七月初七

星期五

清明上河图（局部 18）

宋太宗下令，商人若遇地方官吏刁难，可越级上告。宋代皇帝对商人地位及社会功能认识的转变极大地促进了宋代民商法律的发展。

Saturday

Aug. 18

2018

2018 年

8 月 18 日

18

农历戊戌年 · 七月初八

星期六

清明上河图（局部 19）

宋代商品市场繁荣，为了加强管理，官府让各类商人组成行会，商铺、手工业和其他服务性行业的相关人员必须加入行会，并按行业登记在册，否则就不能从事该行业的经营。

Sunday

Aug. 19

2018

2018 年

8 月 19 日

19

农历戊戌年 · 七月初九

星期日

清明上河图（局部 20）

宋代人口迅速增长，最高峰时超过一亿人。北宋城镇居民达到一千二百多万人，远超前朝。南京、扬州、成都、武昌、长沙、福州、广州等，均是几十万人口的大型城市，开封、杭州更是百万人口的超大型城市。

Monday

Aug. 20

2018

2018 年

8 月 20 日

20

农历戊戌年・七月初十

星期一

宋高宗书孝经（局部）

宋代画册《宋高宗书孝经》中的一幅，据传为宋代马和之所作，现藏于“台北故宫博物院”。

宋代诉讼沿用唐朝“三限制”，“复制听狱之限：大事四十日，中事二十日，小事十日，不他逮捕而易决者，毋过三日”。中央各司法部门的审判期限则因责任不同而有所差异。

Tuesday　　　　　　　　　　　　2018 年

Aug. 21　　　　　　　　　　　8 月 21 日

2018

21

农历戊戌年・七月十一

星期二

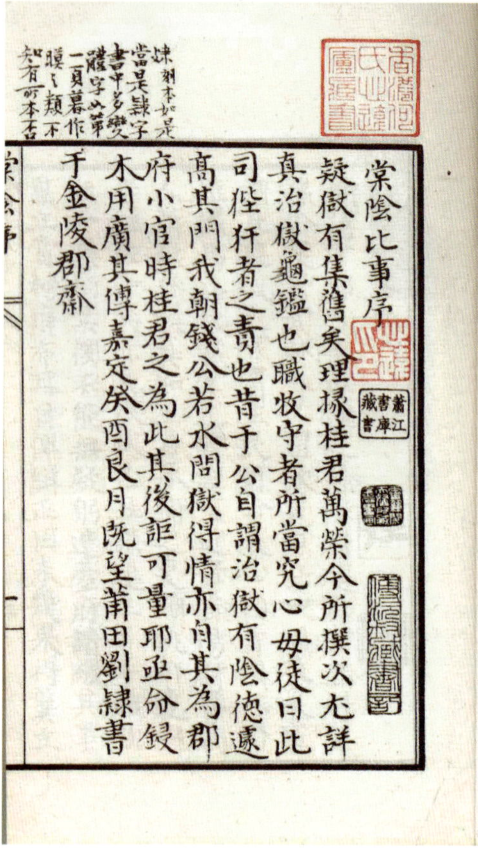

《棠阴比事》

《棠阴比事》为我国古代法医学著作，宋代桂万荣撰。本书记述刑法折狱的一些典型案例，每案皆有四言标题。《棠阴比事》是继五代《疑狱集》与宋代郑克编撰的《折狱龟鉴》之后又一部记述诉讼活动的书籍。

Wednesday

Aug. 22

2018

2018 年

8 月 22 日

22

农历戊戌年 · 七月十二

星期三

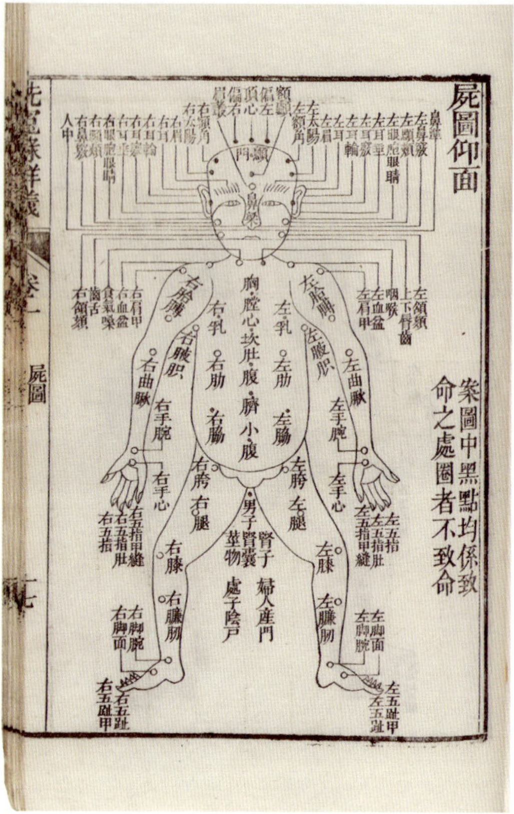

《洗冤录》（尸图仰面）

《洗冤录》，又称《洗冤集录》，是中国古代法医学著作，由南宋宋慈所著。全书共二卷，内分五十三项。它是世界上现存第一部系统的法医学专著。

Thursday

Aug. 23

2018

2018 年

8 月 23 日

爨墨

23

农历戊戌年・七月十三

星期四

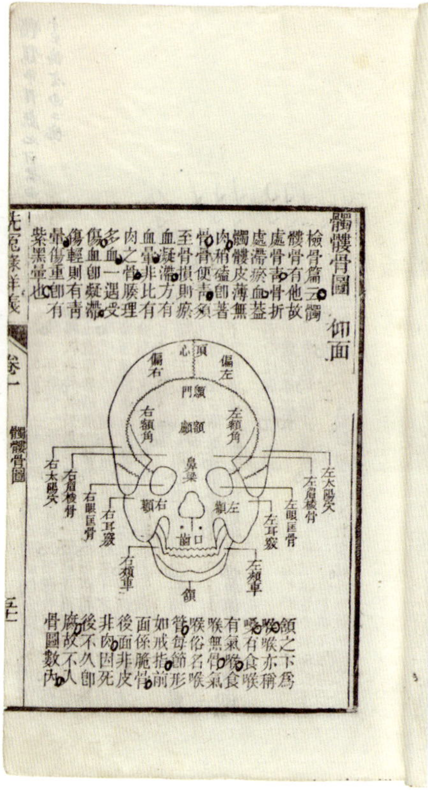

《洗冤录》（髑髅图仰面）

《洗冤录》一经刊出，即广为流传，宋之后元、明、清历朝检验官吏无不将其作为办案必备之书，甚至成为考试内容，并被收入《四库全书》目录。《洗冤录》出版后，历代重刊、再版可以查证的就达近四十种之多。

Friday

Aug. 24

2018

2018 年

8 月 24 日

24

农历戊戌年・七月十四

星期五

文天祥像

文天祥像，清代画家叶衍兰绘。

文天祥（公元 1236~1283 年），江西吉州庐陵（今江西省吉安市青原区富田镇）人，宋末政治家。宋理宗宝祐四年（公元 1256 年）状元及第，官至右丞相，封信国公。于五坡岭兵败被俘，宁死不降，从容就义。

Saturday

Aug. 25

2018

2018 年

8 月 25 日

25

农历戊戌年・七月十五

星期六

金“兴定宝泉”青铜版 *

金“兴定宝泉”青铜版，展陈于中国国家博物馆。

金皇统年间，“以本朝旧制，兼采隋、唐之制，参辽、宋之法，类以成书，名曰《皇统制》，颁行中外”。《皇统制》是金代第一部成文法典。**

* 供图：李雪梅。

** 参见张晋藩、郭成伟主编：《中国法制通史》（第 5 卷），法律出版社 1999 年版。

Sunday

Aug. 26

2018

2018 年

8 月 26 日

26

农历戊戌年・七月十六

星期日

西夏文敕牌[*]

西夏文敕牌，展陈于中国国家博物馆。

这件敕牌是西夏使者传递紧急文书、命令时的身份凭证。敕牌由两片圆形青铜牌组成，可相扣校验。

＊供图：李雪梅。

Monday

Aug. 27

2018

2018 年

8 月 27 日

27

农历戊戌年・七月十七

星期一

关于成吉思汗像的绘画

关于成吉思汗的绘画，画家不详，现藏于美国布鲁克林博物馆。

1203年，成吉思汗召集大会，制定了札散。1219年，成吉思汗又召集大会，重新确定了训言、札散和古来的体例，并将这些札散和训言写在纸上，名曰“大札散”，编成后传旨颁行。*

*相关资料来源于韩玉林主编：《中国法制通史》（第6卷），法律出版社1999年版。

Tuesday

Aug. 28

2018

2018 年

8 月 28 日

28

农历戊戌年・七月十八

星期二

耶律楚材像

耶律楚材（公元 1190~1244 年），中国古代著名的政治家。1215 年，蒙古军攻占金中都，成吉思汗收耶律楚材为臣，他依据儒家治国之道提出和制定了各种施政方略，为蒙古帝国的发展和元朝的建立奠定了基础。

Wednesday

Aug. 29

2018

2018 年

8 月 29 日

29

农历戊戌年 · 七月十九

星期三

忽必烈像

忽必烈像，南薰殿藏本，现藏于“台北故宫博物院”。

元世祖忽必烈即位之初就曾公开宣示臣下：“人命至重，悔将何及，朕实哀矜。”并着重提出“宽刑慎法”作为元朝刑法的指导思想：“朕治天下，重惜人命，凡有罪者，必命对再三，果实而后罪之。”

Thursday

Aug. 30

2018

2018 年

8 月 30 日

30

农历戊戌年・七月二十

星期四

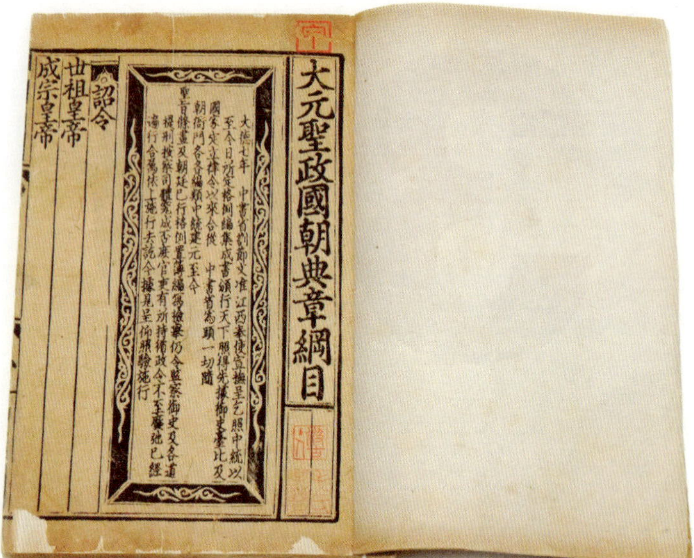

《大元圣政国朝典章》

《大元圣政国朝典章》，原书现藏于“台北故宫博物院”。

元世祖忽必烈颁布了《至元新格》，内容包括公规、选格、治民、理财、赋役、课程、仓库、造作、防盗、察狱十事。

Friday

Aug. 31

2018

2018 年

8 月 31 日

31

农历戊戌年・七月廿一

星期五

九月

SEPTEMBER

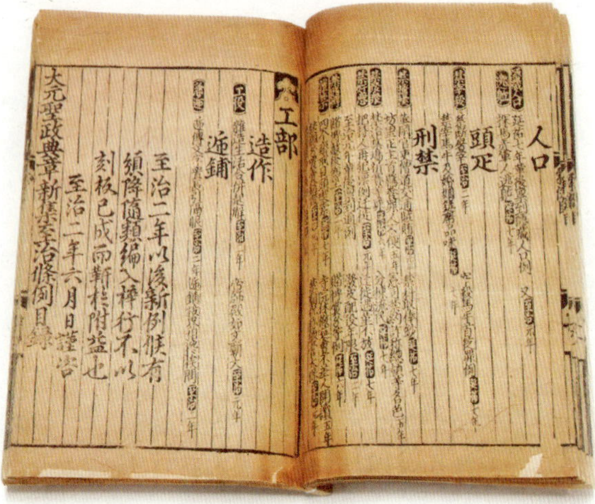

《大元圣政国朝典章》（内文）

《大元圣政国朝典章》（内文），原书现藏于“台北故宫博物院”。

《大元圣政国朝典章》（又名《元典章》），是元英宗至治二年（公元 1322 年）以前元朝法令文书的分类汇编。

Saturday

Sept. 1

2018

2018 年

9 月 1 日

1

农历戊戌年・七月廿二

星期六

元世祖出猎图

《元世祖出猎图》，刘贯道所绘，描绘了元世祖于深秋初冬之时率随从出猎时的情景，现藏于“台北故宫博物院”。

明代文学家田艺蘅《留青日札·大诰减等》记载：“元世祖笞杖之刑既定，曰：天饶他一下，地饶他一下，我饶他一下。自是合笞五十，止笞四十七；合杖一百，止杖九十七。”

Sunday

Sept. 2

2018

2018 年

9 月 2 日

2

农历戊戌年・七月廿三

星期日

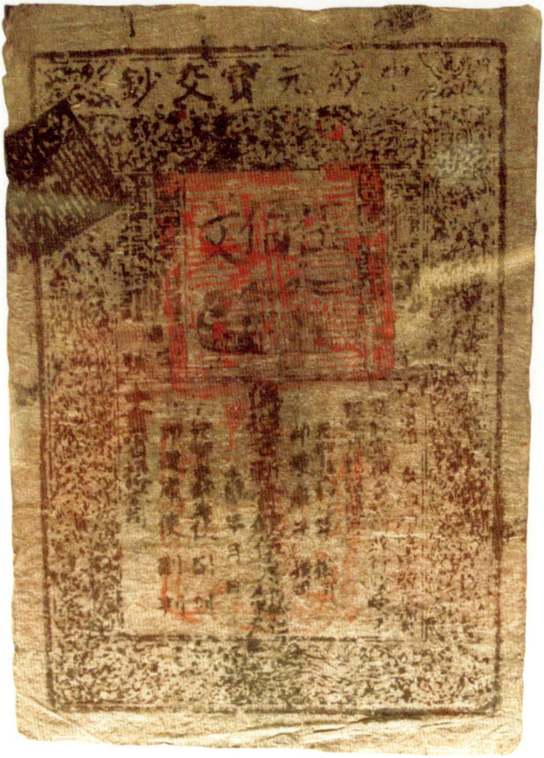

中统元宝交钞五百文 *

元代至正年造中统元宝交钞五百文，展陈于上海博物馆。

元代对伪造钞币案犯，始初分首从犯处罚。凡“为首处死，为从雕板、抄纸、安藏、印造、知情受分人等，俱各杖断”。**

* 供图：李雪梅。

** 参见韩玉林主编：《中国法制通史》（第 6 卷），法律出版社 1999 年版。

Monday

Sept. 3

2018

2018 年

9 月 3 日

3

农历戊戌年・七月廿四

星期一

元代令牌

元代令牌，篆书是“东平守御夜巡铜牌”，中间是令牌的编号。

元代的基层组织是以自然村落为基础结成的民间乡村组织，即村社。村社的具体职能主要为征办科差、劝农、教化、互助和治安等。

Tuesday

Sept. 4

2018

2018 年

9 月 4 日

4

农历戊戌年・七月廿五

星期二

洗象图（局部）

《洗象图》，元代画家钱选作品，现藏于美国弗利尔美术馆。

元代的民事诉讼中广泛运用调解，据《至元新格》，因婚姻、家财、田宅、债务等发生纠纷，若不涉及重大违法情事，应当先由社长以理调解，以免使农务荒废，官府也免受讼累。

Wednesday

Sept. 5

2018

2018 年

9 月 5 日

5

农历戊戌年・七月廿六

星期三

山西洪洞县明应王殿元杂剧壁画

公案剧，又称“公吏”杂剧，为元杂剧的类别之一，这类杂剧主要描写官吏审理诉讼、平冤决狱的故事。剧中的清官形象，以包公为代表，在一定程度上寄托了被压迫者的意志和希望。

Thursday

Sept. 6

2018

2018 年

9 月 6 日

6

农历戊戌年 · 七月廿七

星期四

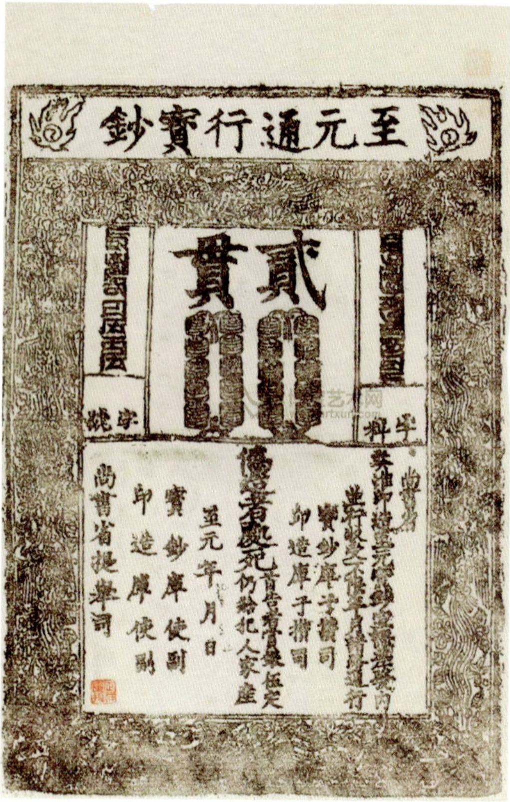

至元通行宝钞贰贯钞版原拓

至元通行宝钞是元代发行的纸币。元初中统元宝交钞贬值后，尚书右丞叶李将原在南宋末年献过的钞样略做变动，改为“至元通行宝钞”，受到元世祖嘉许，即以铸版印造。由叶李拟订、尚书省颁行的《至元宝钞通行条件》，不仅是我国而且是世界上最早的较完备的币制条例。

Friday

Sept. 7

2018

2018 年

9 月 7 日

7

农历戊戌年・七月廿八

星期五

八思巴文虎头圆符牌

甘肃省博物馆收藏的八思巴文虎头圆符牌，金质，文字和虎纹毛发上镀银。圆牌上文字意为“长生天气里，皇帝圣旨，如不钦奉虔敬，治罪”。

Saturday

Sept. 8

2018

2018 年

9 月 8 日

白露

8

农历戊戌年 · 七月廿九

星期六

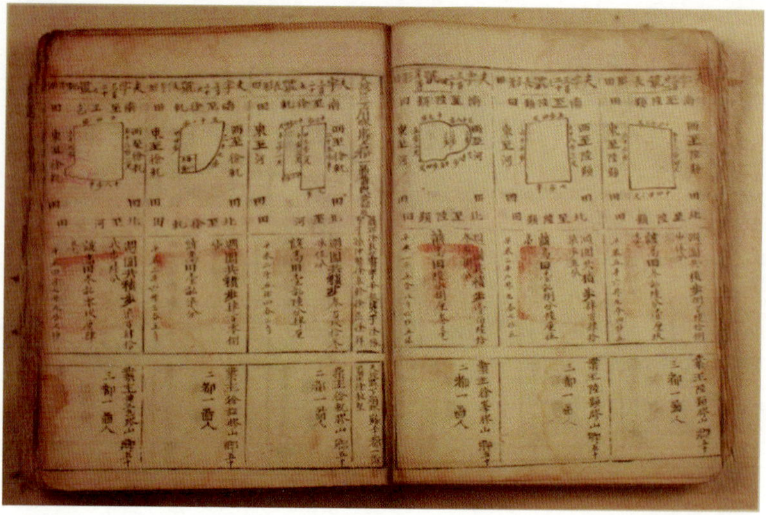

《鱼鳞图册》*

《鱼鳞图册》，明代，展陈于中国国家博物馆。

明初在部分地区丈量土地，编制了图册，载明土地形状和性质，因图册形似鱼鳞，故名《鱼鳞图册》。

*供图：李雪梅。

Sunday

Sept. 9

2018

2018 年

9 月 9 日

9

农历戊戌年・七月三十

星期日

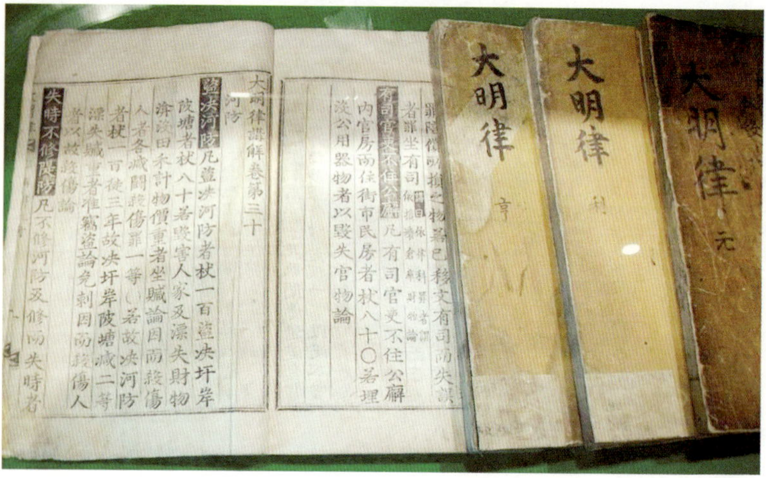

《大明律》

《大明律》按六部职掌，分为吏、户、礼、兵、刑、工六律，加上《名例律》，共为三十卷。

Monday

Sept. 10

2018

2018 年

9 月 10 日

10

农历戊戌年・八月初一

星期一

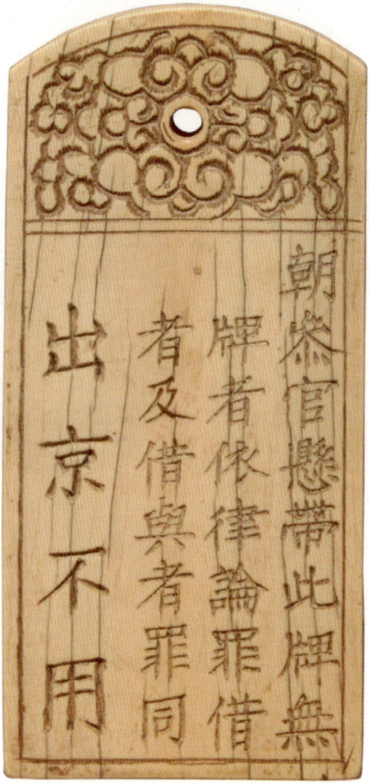

参官象牙腰牌 *

参官象牙腰牌，明代，展陈于山东博物馆。

牙牌上刻有官员的名字和官职作为凭证，以防奸伪。洪武十一年（公元 1378 年）开始创立此制度，“其制，以象牙为之，刻官职于上。不佩则门者却之，私相借者论如律”。

* 供图：李雪梅。

Tuesday

Sept. 11

2018

2018 年

9 月 11 日

11

农历戊戌年・八月初二

星期二

锦衣卫象牙牌*

锦衣卫象牙牌，明代，展陈于首都博物馆。

锦衣卫本为军事组织，直接担负皇帝皇宫护卫的重要职责，又称亲军，以都督指挥领之。卫下辖南北镇抚司，掌巡察、缉捕、理诏狱之职。

*供图：李雪梅。

Wednesday

Sept. 12

2018

2018 年

9 月 12 日

12

农历戊戌年・八月初三

星期三

御马监铜驾牌 *

御马监铜驾牌，明代，展陈于首都博物馆。

御马监为明代宦官官署，为十二监之一。因御马监掌管“御厩兵符等项，与兵部相关”，具有较大的影响力。

*供图：李雪梅。

Thursday

Sept. 13

2018

2018 年

9 月 13 日

13

农历戊戌年・八月初四

星期四

入跸图（局部 1）

《入跸图》，现藏于“台北故宫博物院”，与《出警图》为姊妹卷，合称《出警入跸图》。画家将明神宗万历皇帝谒陵的整个历程浓缩于两幅长卷之中。

Friday

Sept. 14

2018

2018 年

9 月 14 日

14

农历戊戌年・八月初五

星期五

入蹕图（局部2）

明太祖朱元璋非常重视法律的制定，视其为维护皇朝长治久安的法宝；《大明律》是其“劳心焦思，虑患防微近二十载”的经验总结，是经过“凡七誊稿”、字斟句酌的“不刊之典”。

Saturday

Sept. 15

2018

2018 年

9 月 15 日

15

农历戊戌年・八月初六

星期六

入跸图（局部3）

在《大明律》刊行的同时，明太祖朱元璋另行制定《大诰》条目，撮其要略，附载于律后，并申令："今后法司只依《律》与《大诰》议罪。"律、诰并行，以诰补律，形成特色。

Sunday

Sept. 16

2018

2018 年

9 月 16 日

16

农历戊戌年・八月初七

星期日

入跸图（局部4）

《明大诰》是明太祖朱元璋亲自写定的刑典，采集官民过犯的典型案例，加上明太祖的例令，包括《大诰》《大诰续编》《大诰三编》《大诰武臣》四部分。“大诰”的名称出于《尚书》，“大诰”二字即“陈大道以诰天下”之意。

Monday

Sept. 17

2018

2018 年

9 月 17 日

17

农历戊戌年・八月初八

星期一

入跸图（局部5）

《大诰》是律外之法，用以严惩臣民犯罪，弥补律文的不足。《大诰》相比《大明律》新增了许多禁令、罪名，刑罚苛重，在内容上以严刑惩治贪官与豪强为重点。

Tuesday

Sept. 18

2018

2018 年

9 月 18 日

18

农历戊戌年・八月初九

星期二

入跸图（局部6）

为了扩大《大诰》的影响，明朝规定，收藏《大诰》与否成了判罪或减罪的依据；熟背《大诰》，不仅可以减轻刑罚，还可以获得奖励。

Wednesday

Sept. 19

2018

2018 年

9 月 19 日

19

农历戊戌年・八月初十

星期三

入跸图（局部7）

《大明会典》是记载中国明代典章制度、以行政法规为主的官修书。《大明会典》主要根据明代官修《诸司执掌》《皇明祖训》《大明集礼》《孝慈录》《大明律》等书和百司之籍册编成，记载典章制度十分完备。

Thursday

Sept. 20

2018

2018 年

9 月 20 日

20

农历戊戌年・八月十一

星期四

入跸图（局部 8）

首辅是明朝对首席大学士的习称，明太祖洪武十三年（公元 1380 年）废除宰相制后，皇帝亲自掌管六部。至明惠帝建文四年（公元 1402 年），明朝开始设立一个类似于皇帝秘书的机构，始称内阁，内阁首辅由首席大学士担任。

Friday

Sept. 21

2018

2018 年

9 月 21 日

21

农历戊戌年・八月十二

星期五

入跸图（局部9）

明代中央司法机关的名称、职掌均与唐宋有所不同。明朝的中央司法机关由刑部、大理寺和都察院组成，合称为“三法司”。刑部受理地方的上诉案件，审核地方上的重案，审理中央百官及京师地区案件。大理寺是复核机关。都察院即原来的御史台，是中央监察机关，有权监督刑部的审判和大理寺的复核、驳正。

Saturday

Sept. 22

2018

2018 年

9 月 22 日

22

农历戊戌年・八月十三

星期六

入跸图（局部 10）

明代省一级设有提刑按察使，专管司法审判事务，有权处决徒以下案件，徒之上重案则须报送刑部。府（州）、县两级的司法权仍由行政机关兼理，知府、知县等地方行政长官掌管司法审判事务。

Sunday

Sept. 23

2018

2018 年

9 月 23 日

秋分

23

农历戊戌年 · 八月十四

星期日

入跸图（局部 11）

“朝审”是明朝死刑复审复核的重要制度，在每年霜降以后，由中央的三法司机关，以及朝廷有关公侯伯贵族组成联合法庭，对全国上报的死刑案件当中的可怜者和可矜者重新审核。朝审的结果要上报皇帝批准才能执行。

Monday

Sept. 24

2018

2018 年

9 月 24 日

中秋

24

农历戊戌年・八月十五

星期一

入跸图（局部 12）

“圆审”，是指由六部尚书、大理寺卿、左都御史、通政史九位中央长官组成联合法庭，对全国的死刑要案进行复审的制度。每次圆审后，都需报请皇帝批准才能执行。

Tuesday

Sept. 25

2018

2018 年

9 月 25 日

25

农历戊戌年・八月十六

星期二

入跸图（局部13）

大审是一种定期由皇帝委派太监（代表皇帝）会同三法司到全国各地重新审理在押囚犯的制度，也是明朝的会审制度之一。

Wednesday

Sept. 26

2018

2018 年

9 月 26 日

26

农历戊戌年・八月十七

星期三

入跸图（局部14）

会官审录是由皇帝直接任命中央各行政机构官吏审理大案重囚的制度，由五军都督府、六部、都察院、六科给事中、通政司、詹事府（有时包括驸马都尉在内）共同审理大狱，死罪和冤案奏闻皇帝，其余案件依律判决。

Thursday

Sept. 27

2018

2018 年

9 月 27 日

27

农历戊戌年・八月十八

星期四

入跸图（局部 15）

《诸司职掌》是明太祖朱元璋仿《唐六典》所敕修。该书以官职为纲，下分十门，分别详细地规定了吏、户、礼、兵、刑、工六部及都察院、通政司、大理寺、五军都督府的官制及其职掌。

Friday

Sept. 28

2018

2018 年

9 月 28 日

28

农历戊戌年・八月十九

星期五

入跸图（局部 16）

明太祖洪武十三年（公元 1380 年）罢御史台，十五年（公元 1382 年）改置都察院。都察院设左右都御史、左右副都御史、左右佥都御史，以及浙江、江西、福建、四川、陕西、云南、河南、广西、广东、山西、山东、湖广、贵州十三道监察御史，共一百一十人。

Saturday

Sept. 29

2018

2018 年

9 月 29 日

29

农历戊戌年・八月二十

星期六

入跸图（局部 17）

通政司，明代创设，在理论上是君主和臣下之间的一个联系机关，任何官署上奏事件都必须经由其手，所以居七卿之下的最高位次，有资格参与“廷推”。

Sunday

Sept. 30

2018

2018 年

9 月 30 日

30

农历戊戌年・八月廿一

星期日

十月

OCTOBER

入跸图（局部 18）

明朝刑部主管天下刑政，审定和执行律例，判案定罪，管理囚犯。明代中枢六部初置于洪武元年（公元1368年），隶中书省统辖，分理国家诸事。

Monday

Oct. 1

2018

2018 年

10 月 1 日

1

农历戊戌年・八月廿二

星期一

入跸图（局部 19）

明代大理寺所掌为“审谳平反刑狱之政令”。明代的大理寺与刑部、都察院合称为“三法司”，国家的重大案件常由“三法司”会审。但是，明中期以后，大理寺之权被夺，实际上只能核阅案卷而已。

Tuesday

Oct. 2

2018

2018 年

10 月 2 日

2

农历戊戌年・八月廿三

星期二

入跸图（局部 20）

翰林院为明清两代文学之士荟萃所在，掌制造、史册、文翰之事，明建国前吴元年（公元 1367 年）设。明太祖洪武十四年（公元 1381 年）定正秩五品。设学士一人，侍读学士、侍讲各二人，《五经》博士九人，典籍二人，侍书二人，待诏六人，孔目一人，史官修撰、编修、检讨无定员。

Wednesday

Oct. 3

2018

2018 年

10 月 3 日

3

农历戊戌年・八月廿四

星期三

入跸图（局部 21）

申明亭，由明太祖朱元璋始创，设立于乡里，是用来公布朝廷法令、公示辖区内百姓罪行、调解民事纠纷等的场所。

Thursday

Oct. 4

2018

2018 年

10 月 4 日

4

农历戊戌年・八月廿五

星期四

入跸图（局部 22）

厂卫是明朝内廷的侦查机构。厂，指东厂、西厂、内行厂；卫，指锦衣卫。厂卫是明代特务政治的工具，是国内外情报系统的主要组成部分，也是皇帝整顿吏治和防治腐败的机构。

Friday

Oct. 5

2018

2018 年

10 月 5 日

5

农历戊戌年・八月廿六

星期五

入跸图（局部 23）

朱元璋、朱棣两位皇帝对皇权的维护和对文官的压制有强烈的欲望。这就使厂卫“反贪”和“监视”的职能无限度扩大了。权力的扩大本身也容易滋生腐败，厂卫在利用职权时也会打击异己。

Saturday

2018 年

Oct. 6

10 月 6 日

2018

6

农历戊戌年・八月廿七

星期六

入跸图（局部 24）

明清时期的法律规定，刑事诉讼中蒙受冤抑且逐级申诉不能理雪的当事人及其近亲属可直接进京诉冤，由专门机关负责受理，这一制度称为京控。

Sunday

Oct. 7

2018

2018 年

10 月 7 日

7

农历戊戌年・八月廿八

星期日

李东阳像

李东阳（公元 1447~1516 年），祖籍湖广长沙府茶陵（今湖南省株州市荣陵县）。弘治十年（公元 1497 年），李东阳与徐溥、刘健、谢迁受命为总裁官，修撰《大明会典》。

Monday

Oct. 8

2018

2018 年

10 月 8 日

寒露

8

农历戊戌年・八月廿九

星期一

甲申十同年图（右部）

《甲申十同年图》是明朝弘治年间十位朝廷重臣的群像，现藏于北京故宫博物院。

王轼（公元1439~1506年），上图右坐者，湖广公安（今湖北公安）人。三甲进士，授大理寺评事。

焦芳（公元1435~1517年），上图中坐者，明代泌阳（今河南泌阳）人。二甲进士，选翰林院庶吉士，授编修。

谢铎（公元1435~1510年），上图左坐者，浙江太平（今浙江温岭）人。二甲进士，选翰林院庶吉士，授编修。

Tuesday

Oct. 9

2018

2018 年

10 月 9 日

9

农历戊戌年・九月初一

星期二

甲申十同年图（中部）

曾鉴（公元 1434~1507 年），左手握带、右手扶膝、略向右侧坐者，湖广桂阳（今湖南汝城）。三甲进士，授刑部主事。

闵珪（公元 1430~1511 年），左手握带、右手持牙牌稍偏左正坐者，浙江乌程（今浙江吴兴）人。二甲进士，授御史。

张达（公元 1432~1505 年），须发皆白、面容老皱、双手握带、稍偏右正坐者，江西泰和人。三甲第一名进士，授工部都水司主事。

戴珊（公元 1437~1505 年），面色发红、不见长须、袖手端肩、正襟危坐者，江西浮梁（今江西景德镇）人。三甲进士，授御史。

Wednesday

Oct. 10

2018

2018 年

10 月 10 日

10

农历戊戌年·九月初二

星期三

甲申十同年图（左部）

陈清（公元 1438~1521 年），上图右坐者，山东益都（今山东青州）人。二甲进士，授户部主事。

刘大夏（公元 1436~1516 年），上图中坐者，湖广华容（今湖南华容）人。三甲进士，授兵部主事，迁郎中。

李东阳（公元 1447~1516 年），上图左坐者，湖广茶陵（今湖南茶陵）人，以戍籍居京师。二甲第一名进士，选翰林院庶吉士，授编修。

Thursday

Oct. 11

2018

2018 年

10 月 11 日

11

农历戊戌年・九月初三

星期四

海瑞像

海瑞（公元1514~1587年），海南琼山（今海南海口）人，明朝著名清官。海瑞打击豪强，疏浚河道，修筑水利工程，力主严惩贪官污吏，禁止徇私受贿，并推行“一条鞭法”，强令贪官污吏退田还民，遂有“海青天”之誉。

Friday

Oct. 12

2018

2018 年

10 月 12 日

12

农历戊戌年・九月初四

星期五

申时行像

申时行（公元1535~1614年），明朝南直隶苏州府长洲（今江苏苏州）人。明神宗万历四年（公元1576年），敕命张居正为总裁，重修《大明会典》，世称《万历重修会典》，题为申时行等修。

Saturday

Oct. 13

2018

2018 年

10 月 13 日

13

农历戊戌年・九月初五

星期六

徐显卿仕宦图·司礼授书

《徐显卿仕宦图》，明代画家余壬、吴钺绘，现藏于北京故宫博物院。

徐显卿（公元 1537~1602 年），曾担任《万历重修会典》的副总裁官。徐显卿与成监吾、王忠铭、王对南、陈玉垒五人轮流在内书堂为司礼监宦官授书。徐显卿戴乌纱帽，穿大红圆领，胸前缀鹭鸶方补，可知此时身份是翰林院修撰。听课的宦官身上都穿青素直身，腰间悬挂牙牌。

Sunday

Oct. 14

2018

2018 年

10 月 14 日

14

农历戊戌年・九月初六

星期日

徐显卿仕宦图·金台捧敕

徐显卿曾担任捧敕官。图中黄幄内的是明神宗，戴乌纱翼善冠，穿黄色龙纹云肩通袖膝襕袍。御座之西为锦衣卫堂上官，穿大红狮子补直身；御座之东是三位内阁官；金台栏杆旁是锦衣卫大汉将军；御幄周围为司礼监官员。

Monday

Oct. 15

2018

2018 年

10 月 15 日

15

农历戊戌年·九月初七

星期一

徐显卿仕宦图·经筵进讲

此图为文华殿举行经筵的情景。经筵时皇帝与官员皆穿吉服，画中明神宗头戴乌纱翼善冠，身穿黄色龙纹云肩通袖膝襕袍，腰束玉带；徐显卿和其他官员都是乌纱帽、大红补子圆领。

Tuesday

Oct. 16

2018

2018 年

10 月 16 日

16

农历戊戌年・九月初八

星期二

徐显卿仕宦图·日直讲读

徐显卿担任明神宗日讲官，日讲在文华殿后穿堂。画中明神宗坐在屏风前御座上，徐显卿正为皇帝讲读，屏风后有司礼监官员，阁臣与讲官分立案前，皇帝官员皆穿常服。

Wednesday

Oct. 17

2018

2018 年

10 月 17 日

重陽

17

农历戊戌年・九月初九

星期三

徐显卿仕宦图·幽陇沾恩

万历十五年（公元1587年），《大明会典》编纂完成，时任詹事府詹事兼翰林院侍读学士的徐显卿以会典副总裁官加恩升俸一级，得以追赠祖父、父亲和祖母、母亲。

Thursday

Oct. 18

2018

2018 年

10 月 18 日

18

农历戊戌年・九月初十

星期四

大明通行宝钞壹贯钞版 *

大明通行宝钞壹贯钞版，展陈于中国国家博物馆。

洪武七年（公元 1374 年）设立宝钞提举司，掌管宝钞的印刷和发行。第二年，发行“大明通行宝钞”，这是明代发行的唯一钞票。

* 供图：李雪梅。

Friday

Oct. 19

2018

2018 年

10 月 19 日

19

农历戊戌年 · 九月十一

星期五

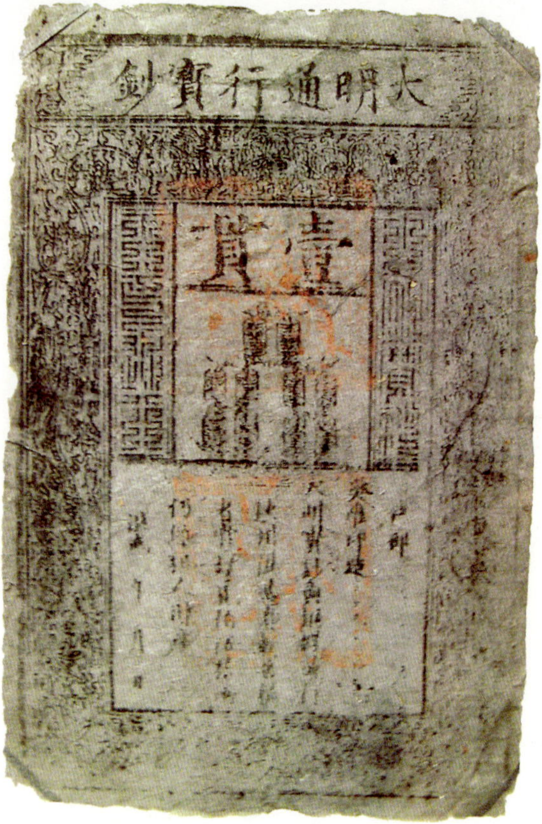

大明通行宝钞

大明通行宝钞，现藏于大英博物馆。

明朝的手工业生产在整个经济中的比重进一步增加。为了加强对手工业生产的管理和控制，《大明律》专设《工律》一篇，对军民官府营造的申报审批，营造所需材料、财物、人工，制造器物的品种规格等都做了规定。

Saturday

Oct. 20

2018

2018 年

10 月 20 日

20

农历戊戌年 · 九月十二

星期六

山西洪洞明代监狱

山西洪洞明代监狱是中国保存最完整的明代县衙古监狱，它始建于明朝洪武元年（公元 1368 年），距今已有六百多年的历史。

中国自汉以来监狱多称“狱”，明朝以后始称监狱为“监”，到清朝末年才合称“监狱”。

Sunday

Oct. 21

2018

2018 年

10 月 21 日

21

农历戊戌年・九月十三

星期日

徐光启像

徐光启像，画家不详。

徐光启（公元 1562~1633 年），上海县法华汇（今上海）人，明代著名科学家、政治家。徐光启参与翻译《几何原本》《测量法义》《泰西水法》《灵言蠡勺》，著有《农政全书》《崇祯历书》《考工记解》等书。他还是一位沟通中西文化的先行者，为 17 世纪中西文化交流做出了重要贡献。

Monday

Oct. 22

2018

2018 年

10 月 22 日

22

农历戊戌年・九月十四

星期一

陶塑判官像

两座粗釉陶塑像现均藏于大英博物馆。

公案小说是中国古典小说的一种，盛行于明清。最具有代表性的公案小说是清代石玉昆的《三侠五义》。公案小说以平反刑狱之类居多，反映了百姓对司法公正的赞美。

Tuesday

Oct. 23

2018

2018 年

10 月 23 日

霜降

23

农历戊戌年・九月十五

星期二

王蜀宫妓图（局部）

《王蜀宫妓图》（局部），明代画家唐寅绘，现藏于北京故宫博物院。

《大明律·户律·婚姻门》首先规定婚姻成立的条件，即“男女定婚之初，若有残疾、老幼、庶出、过房乞养者，务要两家明白通知，各从所愿，写立婚书，依礼聘嫁”。

Wednesday

Oct. 24

2018

2018 年

10 月 24 日

24

农历戊戌年・九月十六

星期三

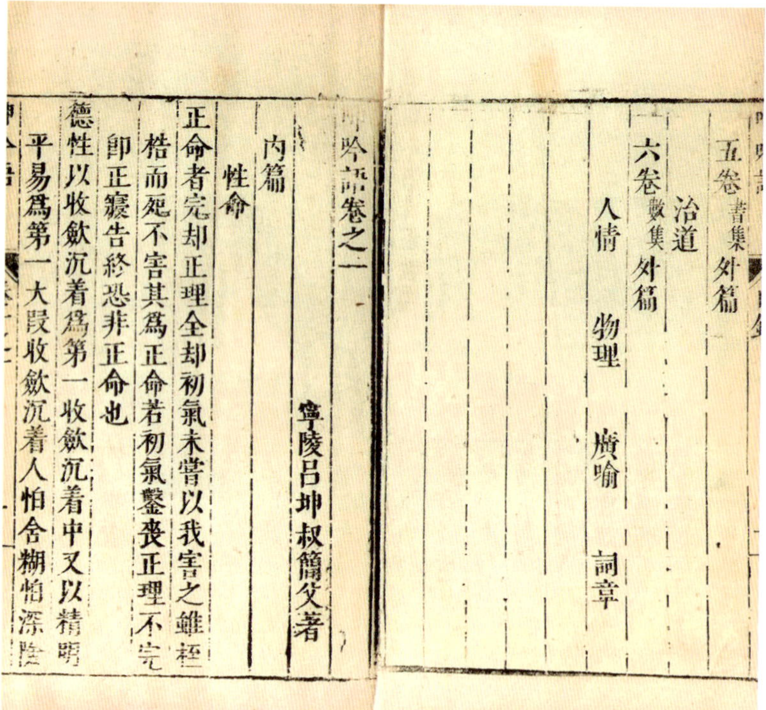

五卷 書集 外篇

治道

六卷 數集 外篇

人情 物理 廣喻 詞章

呻吟語卷之一

寧陵呂坤叔簡父著

內篇

性命

正命者完却正理全却初氣未嘗以我害之雖桎梏而死不害其為正命若初氣鑿喪正理不完即正寢告終恐非正命也

德性以收斂沉着為第一收斂沉着中又以精明平易為第一大段收斂沉着人怕含糊怕深陰

《呻吟语》

吕坤（公元 1536~1618 年），明代归德府宁陵（今河南商丘宁陵）人，万历二年（公元 1574 年）进士，官至刑部侍郎。《呻吟语》成书于万历二十一年（公元 1593 年），是吕坤积三十年心血写就的一部语录体著作。这部著作谈哲理，抨时弊，探求人生，思考宇宙，警句妙语频出。

Thursday

Oct. 25

2018

2018 年

10 月 25 日

25

农历戊戌年 · 九月十七

星期四

王守仁像

王守仁像，清代宫廷画家焦秉贞绘制。

王守仁（公元 1472~1529 年），别号阳明，浙江绍兴府余姚县（今浙江余姚）人。明代著名的思想家、文学家、哲学家和军事家，陆王心学之集大成者。王守仁的学说思想是明代最重要的哲学思想。其学术思想传至日本、朝鲜半岛以及东南亚，立德、立言于一身，成就冠绝有明一代。

Friday

Oct. 26

2018

2018 年

10 月 26 日

26

农历戊戌年・九月十八

星期五

李贽像

李贽（公元 1527~1602 年），福建泉州人。明代思想家、文学家。李贽大胆提出“天之立君，本以为民”的主张，成为明末清初启蒙思想家民本思想的先导。

Saturday

Oct. 27

2018

2018 年

10 月 27 日

27

农历戊戌年・九月十九

星期六

顾炎武像

顾炎武像，清代画家叶衍兰绘。

顾炎武（公元 1613~1682 年），明朝南直隶苏州府昆山（今江苏昆山）人，明末清初杰出的思想家，与黄宗羲、王夫之并称明末清初“三大儒”。顾炎武“天下兴亡，匹夫有责”的思想在后世深入人心。

Sunday

Oct. 28

2018

2018 年

10 月 28 日

28

农历戊戌年 · 九月二十

星期日

黄宗羲像

黄宗羲（公元 1610~1695 年），字太冲，号南雷，浙江余姚人，世称梨洲先生，明末清初著名的思想家。

Monday

Oct. 29

2018

2018 年

10 月 29 日

29

农历戊戌年・九月廿一

星期一

王夫之像

王夫之（公元 1619~1692 年），字而农，湖南衡阳人，别称王船山，明末清初著名思想家。王夫之著述甚富，据《船山遗书》所录，凡著作七十七种，共二百五十卷，最著者为《读通鉴论》。

Tuesday

Oct. 30

2018

2018 年

10 月 30 日

30

农历戊戌年・九月廿二

星期二

灵芝獬豸纹金带銙

灵芝獬豸纹金带銙，1956 年浙江省临海县张家渡石塘山王士琦墓出土。金带板共 20 块，除了长条形銙上装饰灵芝纹外，其余均是獬豸纹。

Wednesday

Oct. 31

2018

2018 年

10 月 31 日

31

农历戊戌年・九月廿三

星期三

十一月

NOVEMBER

孝庄皇后像

清代之初，天灾战乱频仍，溺婴现象严重。因清廷尊崇儒学，慈幼被视为善行德政。加之顺治和孝庄带头，从自己名下拨出一份钱粮，朝中的满汉大臣也纷纷解囊，京城的第一座育婴堂于康熙元年（公元 1662 年）正式落成。此后，朝廷还将设立育婴堂作为考评地方官员施政绩效的一项标准。在朝廷的大力倡导之下，育婴堂很快就遍及全国。

Thursday

Nov. 1

2018

2018 年

11 月 1 日

1

农历戊戌年·九月廿四

星期四

清世祖顺治皇帝朝服像

为了保护土地私有权，清律规定，凡盗卖、盗耕种、冒认及侵占他人田宅的行为，按律治罪。这一政策大大提高了农民垦荒的积极性，使耕地面积迅速增加。

Friday

Nov. 2

2018

2018 年

11 月 2 日

2

农历戊戌年・九月廿五

星期五

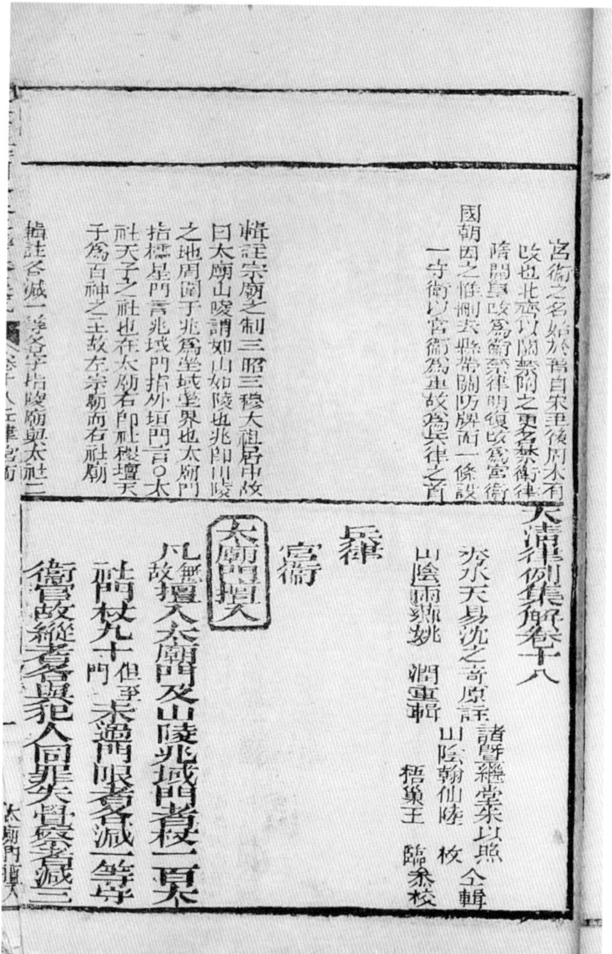

《大清律例》

顺治二年（公元 1645 年），以“详绎明律，参以国制，增损剂量，期于平允”为指导思想，着手制定法典。三年（公元 1646 年）律成，定名为《大清律集解附例》，颁行全国。康熙二十八年（公元 1689 年），将康熙十八年（公元 1679 年）纂修的《现行则例》附于律文之后。雍正元年（公元 1723 年）续修，五年发布施行。乾隆五年（公元 1740 年），更名为《大清律例》，通称《大清律》。

Saturday

Nov. 3

2018

2018 年

11 月 3 日

3

农历戊戌年 · 九月廿六

星期六

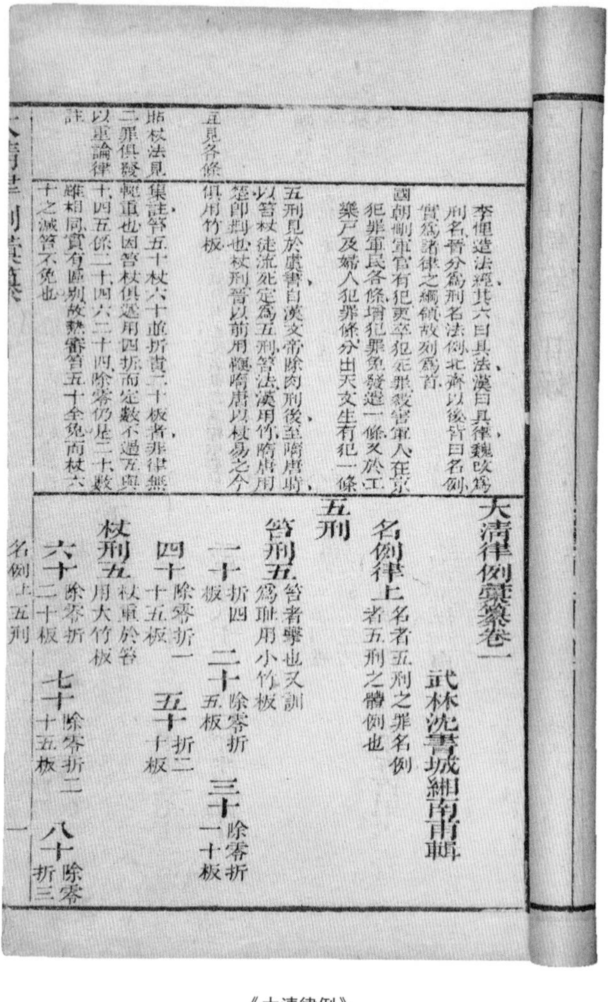

《大清律例》

《大清律》以《大明律》为蓝本，在结构上与《大明律》相同，共分名例律、吏律、户律、礼律、兵律、刑律、工律七篇，四十七卷，三十门。

Sunday

Nov. 4

2018

2018 年

11 月 4 日

4

农历戊戌年·九月廿七

星期日

清圣祖康熙皇帝朝服像

康熙二十三年（公元1684年），经内阁会议议定，颁诏组成会典馆开始制定会典。于二十九年（公元1690年）完成，名为《康熙会典》。这是清朝入关后正式颁行的第一部会典。

Monday

Nov. 5

2018

2018 年

11 月 5 日

5

农历戊戌年・九月廿八

星期一

康熙南巡图（局部 1）

《康熙南巡图》，清代宫廷画家王翚、杨晋绘。

康熙五十一年（公元1712年），颁布谕旨："今海宇承平已久，户口日繁，若按见（现）在人丁加征钱粮，实有不可。人丁虽增，地亩并未加广，应令直省督、抚，将见（现）今钱粮册内有名丁数，勿增勿减，永为定额。其自后所生人丁，不必征收钱粮，编审时止将增出实数察明，另造清册题报。其征收办粮，但据五十年丁册定为常额，续生人丁永不加赋。"这就是"盛世滋生人丁永不加赋"谕。

Tuesday

Nov. 6

2018

2018 年

11 月 6 日

6

农历戊戌年・九月廿九

星期二

康熙南巡图（局部 2）

康熙秉持“藏富于民”的思想，在陕、云、贵、川、粤等地蠲免钱粮丁银、通赋，其中重大蠲免计三十二次。从康熙五十一年（公元 1711 年）开始，普免天下钱粮。

Wednesday

Nov. 7

2018

2018 年

11 月 7 日

立冬

7

农历戊戌年・九月三十

星期三

康熙南巡图（局部3）

摊丁入亩最终将人头税目统统摊入田赋银中，总称为“地丁银”。摊丁入亩使百姓不用再隐匿人口，加之经济的恢复和发展，儿童出生率增加，人口迅速增长，减轻了劳役负担。

Thursday

2018 年

Nov. 8

11 月 8 日

2018

8

农历戊戌年・十月初一

星期四

康熙南巡图（局部4）

摊丁入亩使清廷放松了对人口的控制，逐步放松了对户籍的控制。

Friday

Nov. 9

2018

2018 年

11 月 9 日

9

农历戊戌年·十月初二

星期五

康熙南巡图（局部5）

“滋生人丁，永不加赋”极大地提高了人民的积极性，耕种面积显著增加。顺治十八年（公元1661年），全国耕地面积为五百二十六万顷；康熙六十一年（公元1722年）突破了明代最高耕地统计数字，达到八百五十一万顷；到雍正三年（公元1725年），达到八百九十万顷。

Saturday

Nov. 10

2018

2018 年

11 月 10 日

10

农历戊戌年・十月初三

星期六

康熙南巡图（局部 6）

清朝初年，凡手工业工匠均另有匠籍，要按政府规定服劳役，或者交纳班匠银代役。康熙三十九年（公元 1700 年），下令将班匠银并入田赋中征收，从而使工匠们摆脱了人身控制，有利于促进手工业发展。

Sunday

Nov. 11

2018

2018 年

11 月 11 日

11

农历戊戌年・十月初四

星期日

康熙南巡图（局部 7）

在一般情况下，清代的全国收入每年最多约四千八百万银两，支出最多约有三千四百万银两，收支相抵还有大约一千四百万银两的节余可用于临时支出。

Monday

Nov. 12

2018

2018 年

11 月 12 日

12

农历戊戌年・十月初五

星期一

康熙南巡图（局部8）

清朝的支出有四大项：兵饷、俸廉、治河费、驿站费（交通费用）。清代历年或多或少都有储存，每年至少在五百多万两。乾隆末年支出加了兵费二百多万两，每年至少还盈余二百多万两。

Tuesday

Nov. 13

2018

2018 年

11 月 13 日

13

农历戊戌年・十月初六

星期二

康熙南巡图（局部 9）

京察是吏部考核京官的一种制度，三年一考。以“四格”“八法”为升降标准。“四格”为：守、政、才、年。守，代表操守，分廉、平、贪；政，代表政务，分勤、平、怠；才，分长、平、短；年则指年龄，分青、中、老。“八法”为：贪、酷、无为、不谨、年老、有疾、浮躁、才弱。“八法”后去掉贪、酷，改为“六法”。

Wednesday

Nov. 14

2018

2018 年

11 月 14 日

14

农历戊戌年・十月初七

星期三

康熙南巡图（局部 10）

火耗归公又称耗羡归公。在明代“一条鞭法”后，赋税普遍征银，收缴上来的碎银会被熔炼成比较大块的银子，在熔炼的过程中会发生一定的损耗，州县官吏会要求百姓补足，称为“火耗”。雍正二年（公元 1724 年）将明朝以来的“耗羡”附加税改为法定正税，同时设养廉银，意在打击地方官吏的任意摊派行为。

Thursday

Nov. 15

2018

2018 年

11 月 15 日

15

农历戊戌年・十月初八

星期四

康熙南巡图（局部 11）

“一体当差，一体纳粮”，是指官员地主也必须缴纳赋税，即废除他们免税的特权，此政策优化了税收结构，使社会富有阶层也承担纳税义务。

Friday

Nov. 16

2018

2018 年

11 月 16 日

16

农历戊戌年·十月初九

星期五

清世宗雍正皇帝朝服像

雍正七年（公元1729年），因用兵宁夏，往来军事频繁，急需设置一个特别的权力机构，这就是军机房。雍正十年（公元1732年），军机房更名为办理军机处，军机处正式成立。

Saturday

Nov. 17

2018

2018 年

11 月 17 日

17

农历戊戌年・十月初十

星期六

雍正帝祭先农坛图（局部）

《雍正祭先农坛图》，宫廷画师绘制，描绘了清朝皇帝祭祀农神的活动。上卷现藏于北京故宫博物院，下卷现藏于法国吉美博物馆。

清朝仿效明制，在中央设刑部、大理寺、都察院，合称“三法司”。“三法司”共同行使司法权，直接对皇帝负责。

Sunday

Nov. 18

2018

2018 年

11 月 18 日

18

农历戊戌年・十月十一

星期日

雍正帝祭先农坛图（局部）

清朝地方司法机关分为县、府、省按察使司、总督巡抚四级。县（厅、州与县同级）为第一审级，有权决定笞、杖、徒刑案件。发生在州、县之内的田土、户婚、钱债等民事纠纷以及处笞、杖刑以下的轻微刑事案件，可由州、县官自行审结。府、道为第二审级。省提刑按察使司（又称“臬司”）为第三审级。总督（统辖一省或数省）、巡按（统辖一省），由原来明朝的临时性监察机构发展为地方最高的行政司法机关，为第四审级。

Monday

Nov. 19

2018

2018 年

11 月 19 日

19

农历戊戌年·十月十二

星期一

盛世滋生图

长卷绘画《盛世滋生图》里的乾隆皇帝（骑白马者）。《盛世滋生图》，又名《姑苏繁华图》，作者徐扬，现藏于辽宁省博物馆。

Tuesday

Nov. 20

2018

2018 年

11 月 20 日

20

农历戊戌年 · 十月十三

星期二

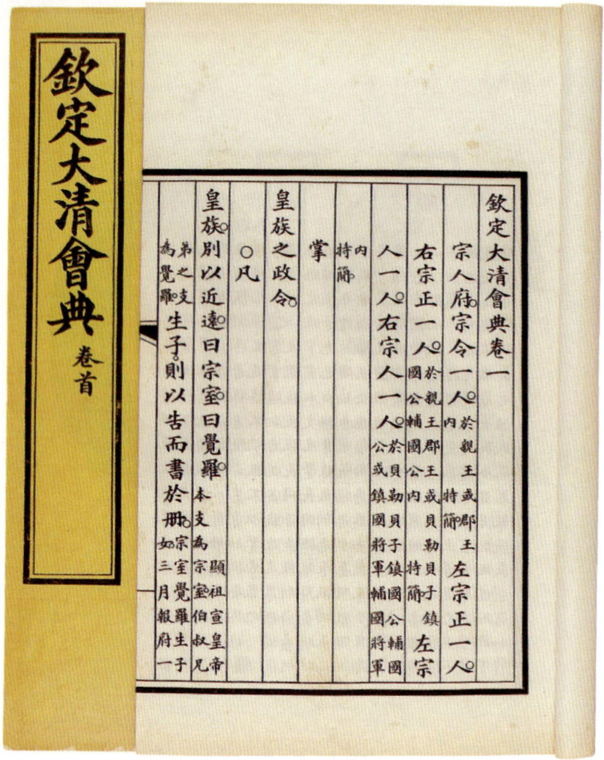

《大清会典》

《大清会典》是清朝官修的一部典章制度史。初成书时间是康熙二十九年（公元 1690 年），后来又经雍正、乾隆、嘉庆、光绪四朝重修，最后一次于光绪二十五年（公元 1899 年）完成。

Wednesday

Nov. 21

2018

2018 年

11 月 21 日

21

农历戊戌年 · 十月十四

星期三

清代农忙丰收时节绘画

清代农忙丰收时节绘画，画家不详。

清代重视对宗族公有田宅的保护。族田是最重要的族产，是宗族的经济支柱。族田的收入可用于家族活动的各项经费，扶助族众，以增强宗族的凝聚力。

Thursday

Nov. 22

2018

2018 年

11 月 22 日

小雪

22

农历戊戌年 · 十月十五

星期四

《红楼梦》插画

清代画家孙温为《红楼梦》绘制的插画之一：《贾雨村荣任应天府，门子私室密禀权势，葫芦僧判断葫芦案》。

此图展现了清代公堂审案的场景。

Friday

Nov. 23

2018

2018 年

11 月 23 日

23

农历戊戌年・十月十六

星期五

《红楼梦》插画

清代画家孙温为《红楼梦》绘制的插画之一：《招盗谗家奴受刑讯》。

画中公堂的匾额上书：
上联：我持三尺法不存私见对尔室无欺。
下联：你没十分冤莫到公堂免何家悬望。

Saturday

Nov. 24

2018

2018 年

11 月 24 日

24

农历戊戌年・十月十七

星期六

万国来朝图

《万国来朝图》为清乾隆年间宫廷画家所作，现收藏于北京故宫博物院，是反映当时元旦朝贺场景的最为精彩的作品之一。

据专家考证，为了弘扬清政府的威德，展现“四夷宾服、万国来朝”的繁荣景象，在乾隆授意下，宫廷画家们先后创作了多幅（元旦和万寿节）向大清王国朝贺、歌功颂德的绘画，作品之间只是在细节上略有不同。

Sunday

Nov. 25

2018

2018 年

11 月 25 日

25

农历戊戌年・十月十八

星期日

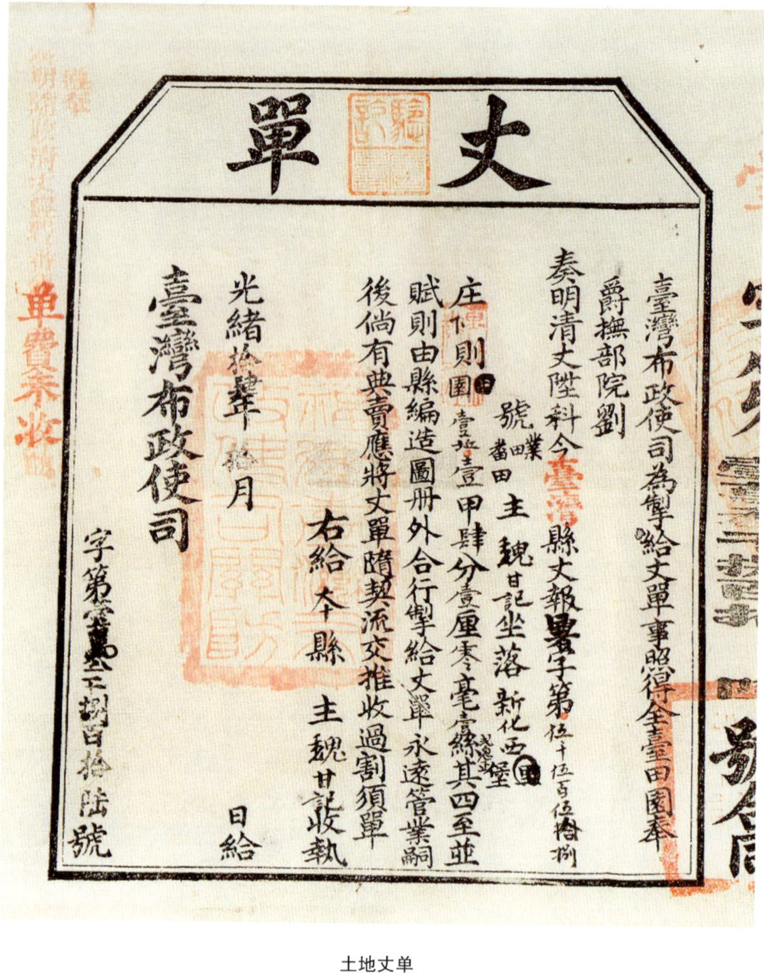

丈單

臺灣布政使司為給丈單事照得全臺田園奉
爵撫部院劉
奏明清丈陞科今臺灣縣丈報畧字第伍千伍百伍拾捌
號畬田業主魏甘記坐落新化西堡
庄下則園壹坵壹甲肆分壹厘零毫壹絲其四至並
賦則由縣編造圖冊外合行給丈單永遠管業嗣
後倘有典賣應將丈單隨契流交推收過割須單
右給本縣業主魏甘記收執
光緒拾肆年拾月　日給
臺灣布政使司
字第□萬叁千捌百拾陸號

土地丈单

公元 1683 年清政府统一台湾，第二年设置台湾府隶属福建省，公元 1885 年建省。1886 年，福建巡抚兼台湾防务大臣刘铭传设南北清赋总局，开始在台湾着手清理土地和租赋，确定田赋后发给地主丈单，按单征赋，经三年完成。此件丈单即于刘铭传实行清赋后第三年（光绪十四年）开具。

Monday

Nov. 26

2018

2018 年

11 月 26 日

26

农历戊戌年・十月十九

星期一

故宫太和殿内景

故宫太和殿抱柱上的对联。上联：“帝命式于九围，兹惟艰哉，奈何弗敬”；下联：“天心佑夫一德，永言保之，遹求厥宁”。

Tuesday

Nov. 27

2018

2018 年

11 月 27 日

27

农历戊戌年 · 十月二十

星期二

故宫保和殿内景

保和殿抱柱上的对联。上联:“祖训昭垂,我后嗣子孙,尚克钦承有永”;下联:“天心降鉴,惟万方臣庶,当思容保无疆”。

Wednesday

Nov. 28

2018

2018 年

11 月 28 日

28

农历戊戌年 · 十月廿一

星期三

故宫中和殿内景

中和殿抱柱上的对联。上联：“时乘六龙以御天，所其无逸”；下联：“用敷五福而锡极，彰厥有常”。

Thursday

Nov. 29

2018

2018 年

11 月 29 日

29

农历戊戌年・十月廿二

星期四

故宫乾清宫内景

乾清宫正殿高悬着由清代顺治皇帝御笔亲书的“正大光明”匾。正大光明意指心怀坦白、言行正派。出自《朱文公文集·答周益公》：“至若范公之心，则其正大光明。”

Friday

Nov. 30

2018

2018 年

11 月 30 日

30

农历戊戌年 · 九月廿三

星期五

十二月

DECEMBER

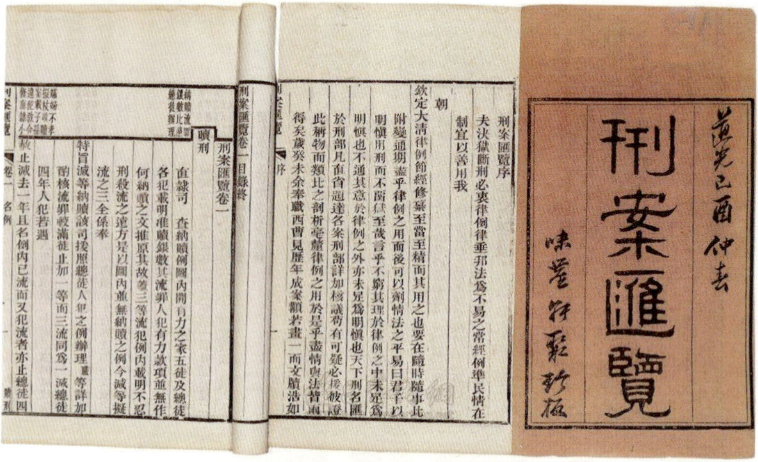

《刑案汇览》

《刑案汇览》为清人祝庆祺编辑，共八十八卷，辑录了乾隆元年（公元1736年）至道光十四年（公元1834年）近百年间由中央司法机关审理的刑案五千六百四十余件，按《大清律例》的门类编排，书后附有刑部事宜及拾遗备考二节，道光十四年刊行。

Saturday

Dec. 1

2018

2018 年

12 月 1 日

1

农历戊戌年 · 十月廿四

星期六

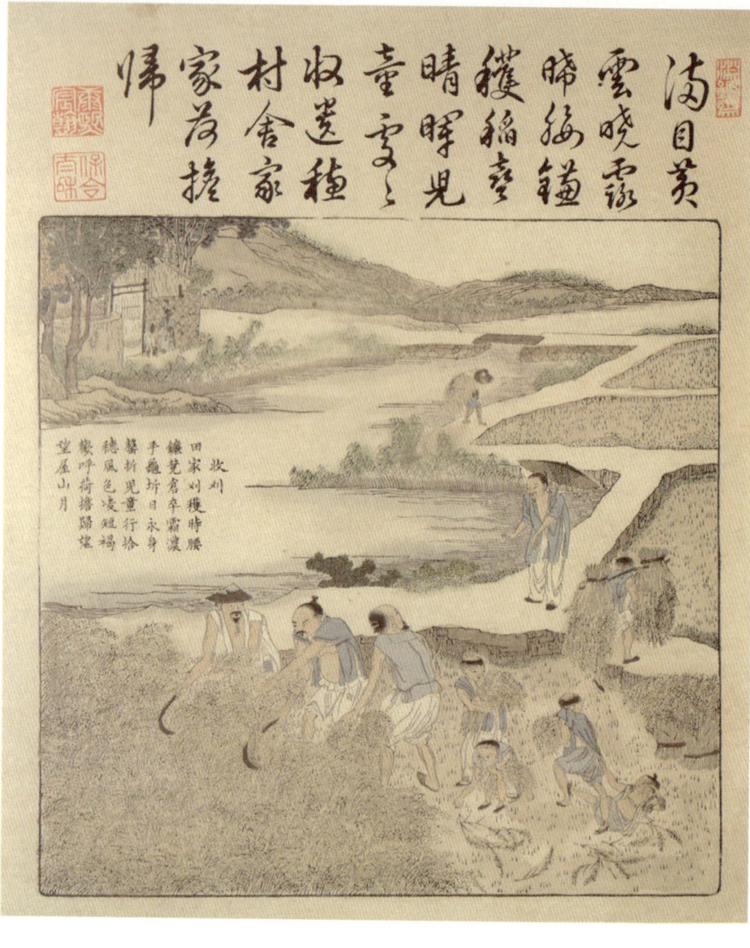

耕图·收刈

清焦秉贞所绘《耕织图诗》中的一幅，现藏于美国国会图书馆。

民间争讼，多因田土户婚等“民间细故”，历代政权都鼓励民间纠纷在民间解决，而不要起诉到官府。*

*参见张晋藩主编：《中国法制通史》（第8卷），法律出版社1999年版。

Sunday

Dec. 2

2018

2018 年

12 月 2 日

2

农历戊戌年・十月廿五

星期日

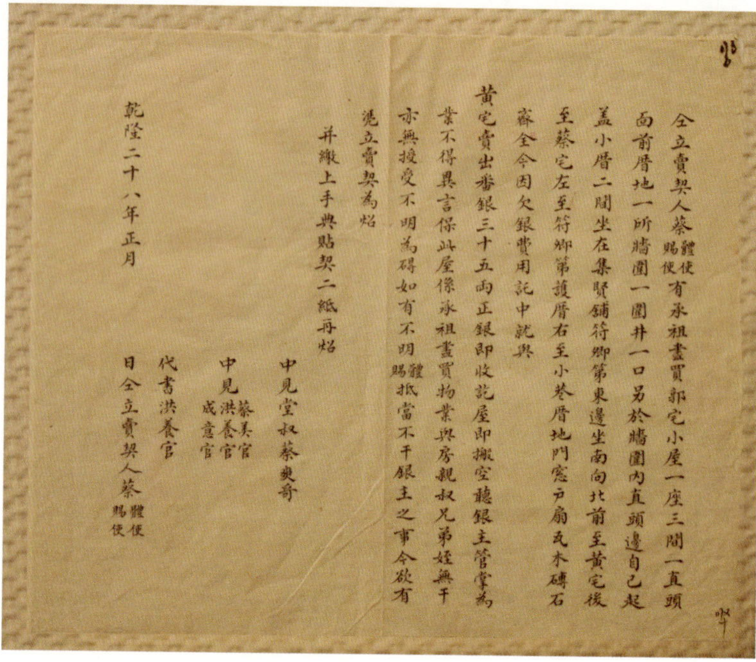
仝立賣契人蔡體使賜使有承祖盡買郭宅小屋一座三間一直頭面前厝地一所牆圍一圍井一口另於牆圍內直頭邊自己起蓋小厝二間坐在集賢鋪符鄉第東邊坐南向北前至黃宅後至蔡宅左至符鄉第護厝右至小巷厝地門窗戶扇瓦木磚石簷全今因欠銀費用託中就與
黃宅賣出番銀三十五兩正銀即收訖屋即搬空聽銀主管掌為業不得異言保此屋係承祖盡買物業與房親叔兄弟姪無干亦無授受不明為碍如有不明體賜抵當不干銀主之事今欲有憑立賣契為炤
并繳上手典貼契二紙再炤

中見堂叔蔡奕奇
中見蔡美官 洪養官 成意官
代書洪養官
乾隆二十八年正月　日仝立賣契人蔡體使賜使

乾隆二十八年文契*

乾隆二十八年文契，展陈于中国闽台缘博物馆。

此文契反映了乾隆二十八年（公元 1763 年）的屋宅等不动产交易的情况。从契约内容来看，记录清晰、约定详细。

* 供图：李雪梅。

Monday

Dec. 3

2018

2018 年

12 月 3 日

3

农历戊戌年 · 十月廿六

星期一

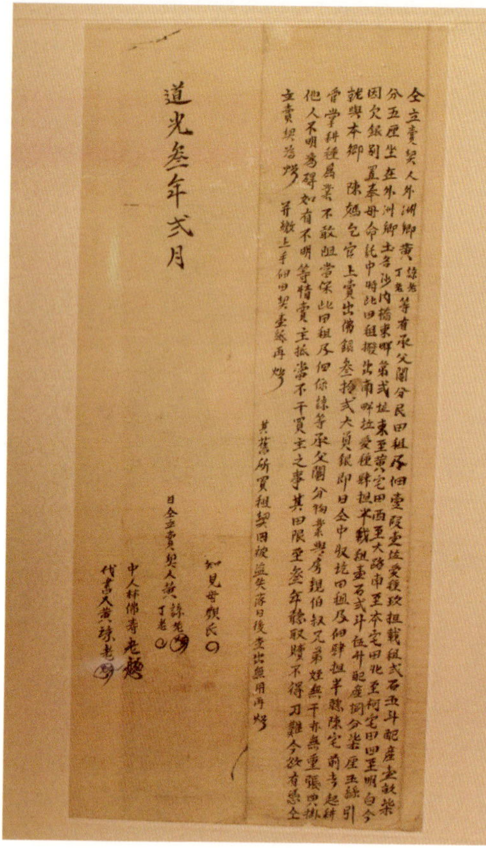

道光三年文契 *

道光三年文契，展陈于中国闽台缘博物馆。

清代统治者颁布了保护私有土地所有权的法令，推动了土地的开垦和种植，为社会的稳定奠定了基础。

* 供图：李雪梅。

Tuesday

Dec. 4

2018

2018 年

12 月 4 日

4

农历戊戌年・十月廿七

星期二

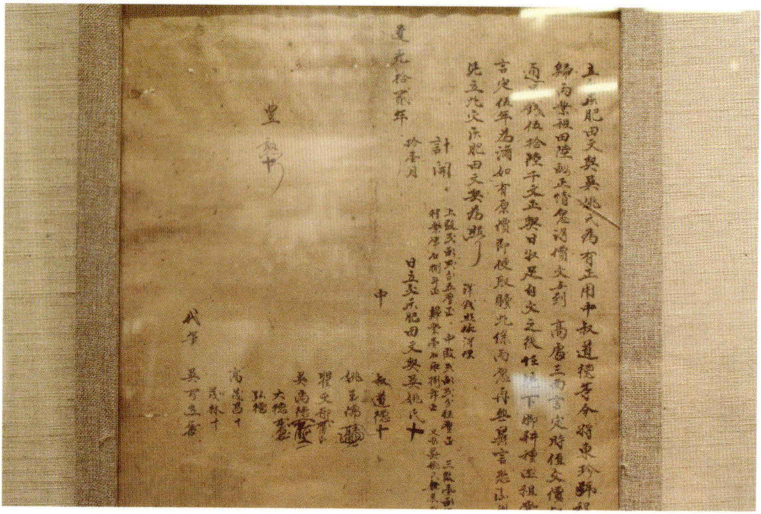

道光十二年文契*

道光十二年文契，展陈于中国国家博物馆。

此文契反映了道光十二 年（公元 1832 年）的一次土地典当交易。

*供图：李雪梅。

Wednesday

Dec. 5

2018

2018 年

12 月 5 日

5

农历戊戌年·十月廿八

星期三

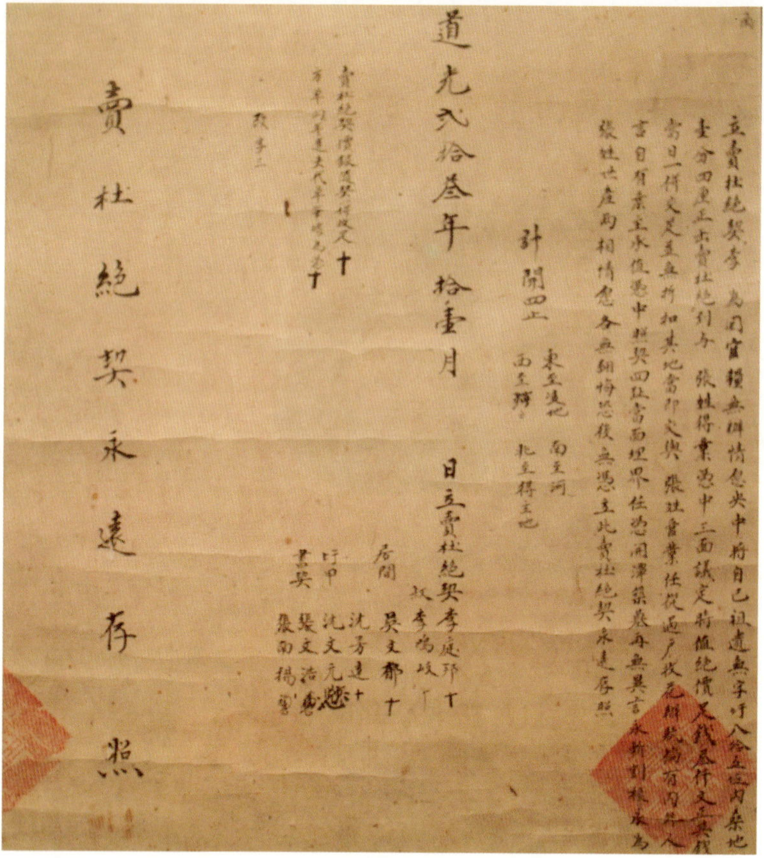

道光二十三年文契 *

道光二十三年文契，为湖北农民卖地绝契，展陈于中国国家博物馆。

道光年间，农民人身依附关系削弱，农业雇工的身份得以“自由”，在全国各主要经济发达地区，相应的劳动力市场也迅速发展起来。**

* 供图：李雪梅。

** 参见张晋藩主编：《中国法制通史》（第 8 卷），法律出版社 1999 年版。

Thursday

Dec. 6

2018

2018 年

12 月 6 日

6

农历戊戌年・十月廿九

星期四

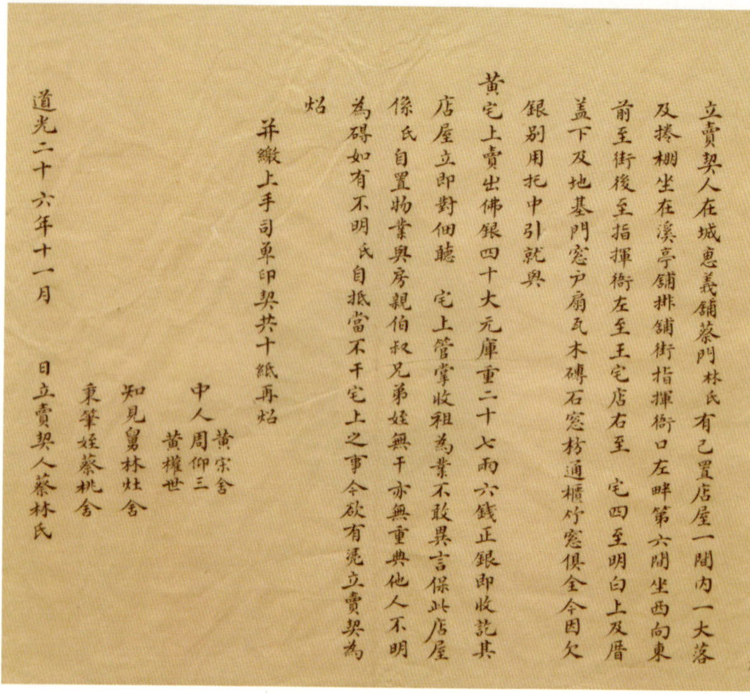

立賣契人在城惠義舖蔡門林氏有己置店屋一間內一大落

及搭棚坐在溪亭舖排舖街指揮衙口左畔第六間坐西向東

前至街後至指揮衙左至王宅店右至　宅四至明白上及暦

蓋下及地基門窓户扇瓦木磚石窓枋通櫃竹窓俱全今因欠

銀别用托中引就與

黄宅上賣出佛銀四十大元庫重二十七兩六錢正銀即收訖其

店屋立即對佃聽　宅上管掌收租為業不敢異言保此店屋

係氏自置物業與房親伯叔兄弟姪無干亦無重典他人不明

為碍如有不明氏自抵當不干宅上之事今欲有憑立賣契為

炤

并繳上手司單印契共十紙再炤

中人　黄宗舍　周仰三　黄權世

知見舅林灶舍

秉筆姪蔡桃舍

道光二十六年十一月　日立賣契人蔡林氏

道光二十六年文契 *

道光二十六年文契，展陈于中国闽台缘博物馆。

清中期以后，随着经济的恢复，土地流转加剧，商人兼并土地之风日盛，经商一旦获利，即设法购置田产，以扩充家业。**

* 供图：李雪梅。

** 参见张晋藩主编：《中国法制通史》（第 8 卷），法律出版社 1999 年版。

Friday

Dec. 7

2018

2018 年

12 月 7 日

大雪

7

农历戊戌年·十一月初一

星期五

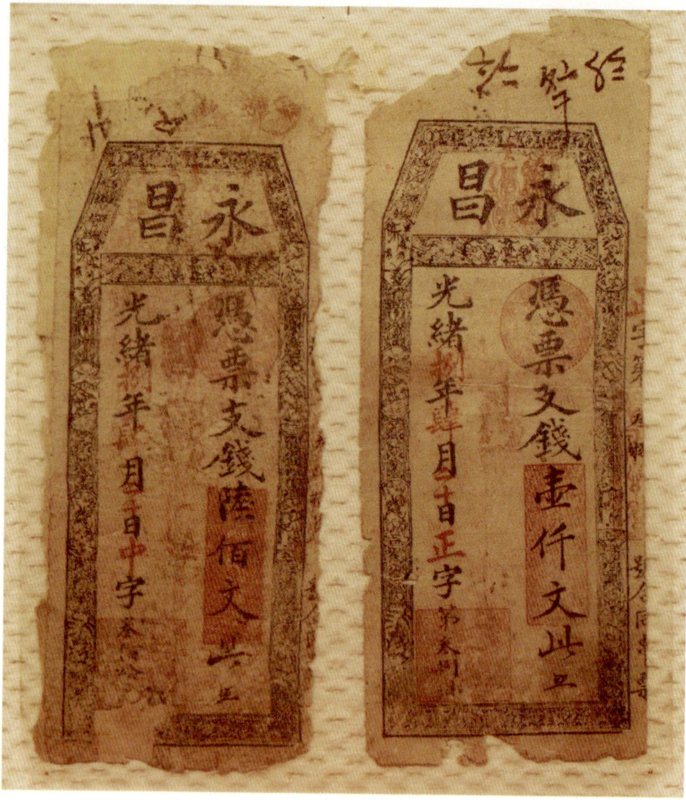

光绪八年永昌钱票[*]

清光绪八年永昌钱票，展陈于中国闽台缘博物馆。

《钦定大清商律》，由商部制定，该律由《商人通例》和《公司律》组成。《公司律》的出台对清末经济的发展起了积极的推动作用。

＊供图：李雪梅。

Saturday

Dec. 8

2018

2018 年

12 月 8 日

8

农历戊戌年 · 十一月初二

星期六

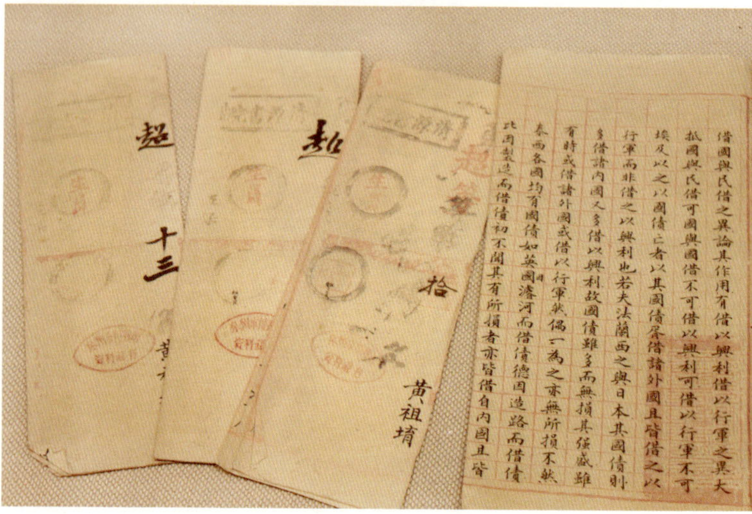

清源书院考试卷*

清源书院考试卷，清代，展陈于中国闽台缘博物馆。

中国古代书院肇始于唐，发展于宋、元、明，至清代而达到鼎盛时期。

*供图：李雪梅。

Sunday

Dec. 9

2018

2018 年

12 月 9 日

9

农历戊戌年 · 十一月初三

星期日

石质官砝[*]

石质官砝，清代，展陈于首都博物馆。

官砝，即官制砝码，是用来计量单位的衡器构件。

*供图：李雪梅。

Monday

Dec. 10

2018

2018 年

12 月 10 日

10

农历戊戌年 · 十一月初四

星期一

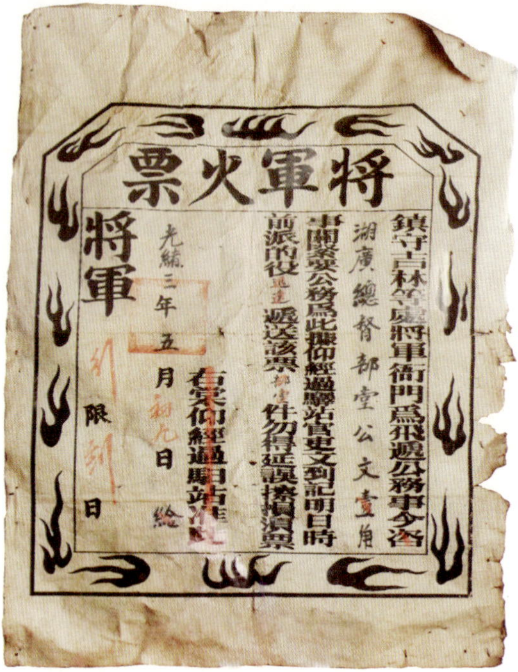

將軍火票

鎮守吉林等處將軍衙門爲飛遞公務事今咨
湖廣總督部堂公文壹角
事關緊要公務爲此牌仰經過驛站官吏文到記明日時
前派的役　遞送該票　件勿得延誤擦損須票
右票仰經過驛站准此
光緒三年五月初九日　給
將軍　限　刻　日

将军火票*

将军火票，清光绪三年（公元 1877 年）五月九日给。

火票为传递紧急公文的凭证。据徐珂《清稗类钞》记载：“凡马递公文，皆用兵部凭照，令沿途各驿接递，谓之火票。言其急速如火也。”

*供图：李雪梅。

Tuesday

Dec. 11

2018

2018 年

12 月 11 日

11

农历戊戌年・十一月初五

星期二

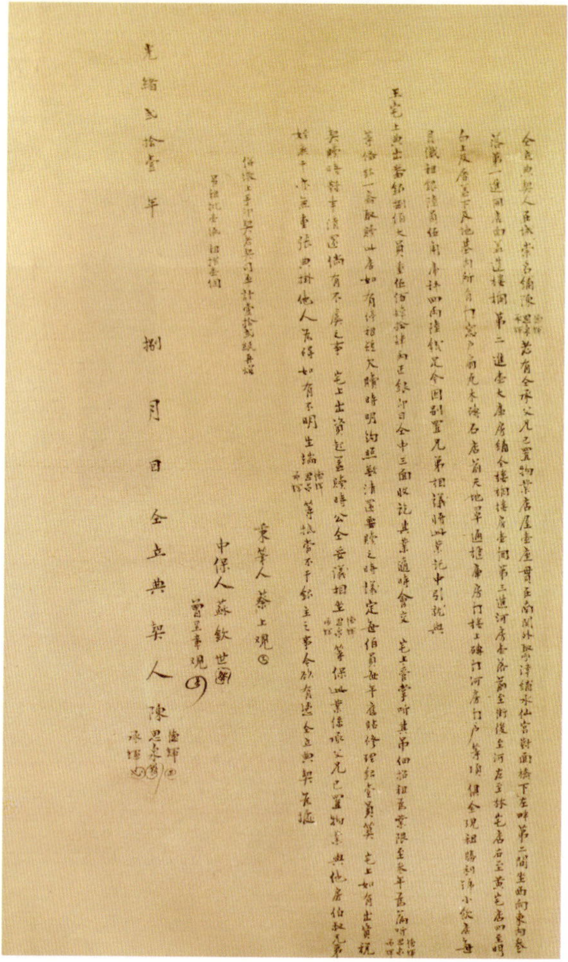

光绪二十一年典契*

光绪二十一年典契，展陈于中国闽台缘博物馆。

这一典契中，不仅记录了立典契人和秉笔人，还记录了中保人，反映了当时民间契约的发展。

*供图：李雪梅。

Wednesday

Dec. 12

2018

2018 年

12 月 12 日

12

农历戊戌年 · 十一月初六

星期三

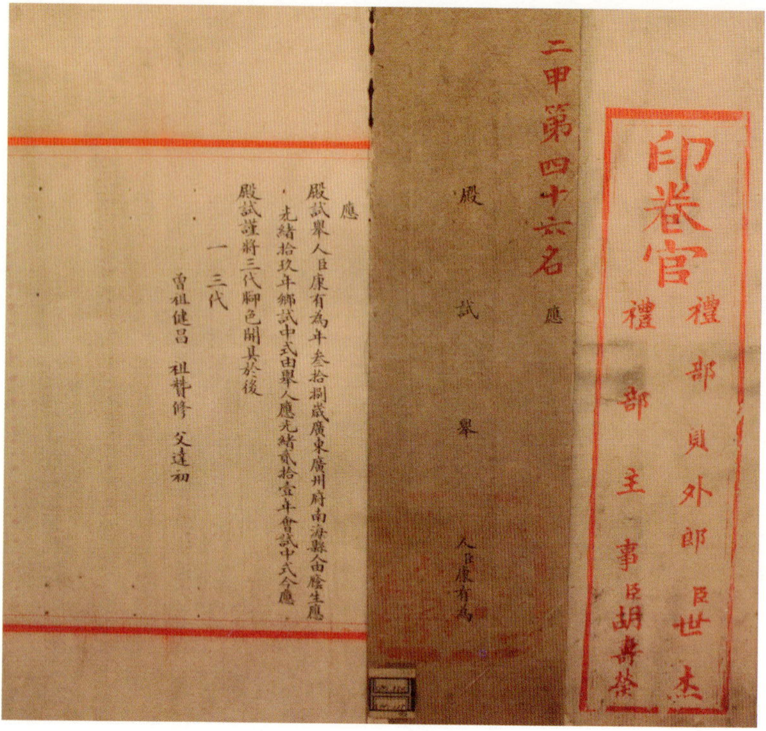

康有为殿试卷 *

康有为殿试卷，展陈于首都博物馆。

康有为（公元 1858~1927 年），广东南海人，人称“康南海”。晚清时期重要的政治家、思想家。

* 供图：李雪梅。

Thursday

Dec. 13

2018

2018 年

12 月 13 日

13

农历戊戌年・十一月初七

星期四

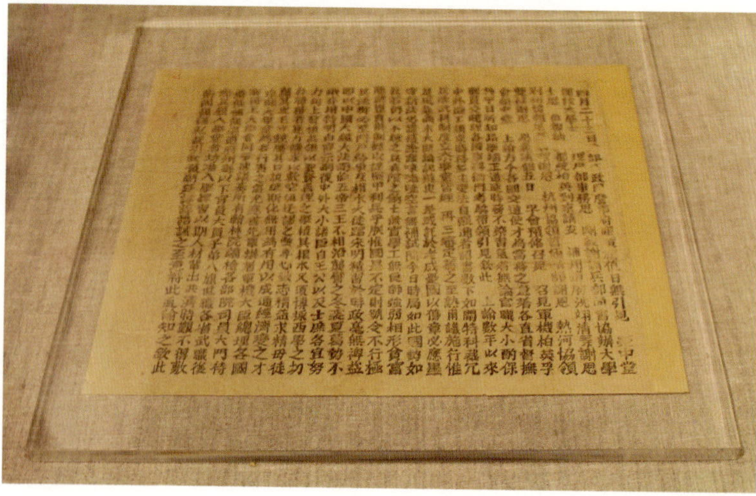

“明定国是”上谕 *

“明定国是”上谕，清光绪皇帝颁布，展陈于中国国家博物馆。

公元 1898 年 6 月 11 日，清光绪皇帝颁布“明定国是”上谕，宣布维新变法。

* 供图：李雪梅。

Friday

Dec. 14

2018

2018 年

12 月 14 日

14

农历戊戌年・十一月初八

星期五

沈家本

据沈家本统计，在我国两千多年的帝制史上，皇帝实行的大赦有一千二百多次，一般平均每两三年都会有一次大赦。中国古代大赦的原因主要有践祚、改元、立后、建储、后临朝、大丧、帝冠、郊祀、祀明堂、临雍、封禅、立庙、巡狩、徙宫、定都、从军、克捷、年丰、祥瑞、灾异、劭农、饮酹、遇乱等二十余种。

Saturday

Dec. 15

2018

2018 年

12 月 15 日

15

农历戊戌年 · 十一月初九

星期六

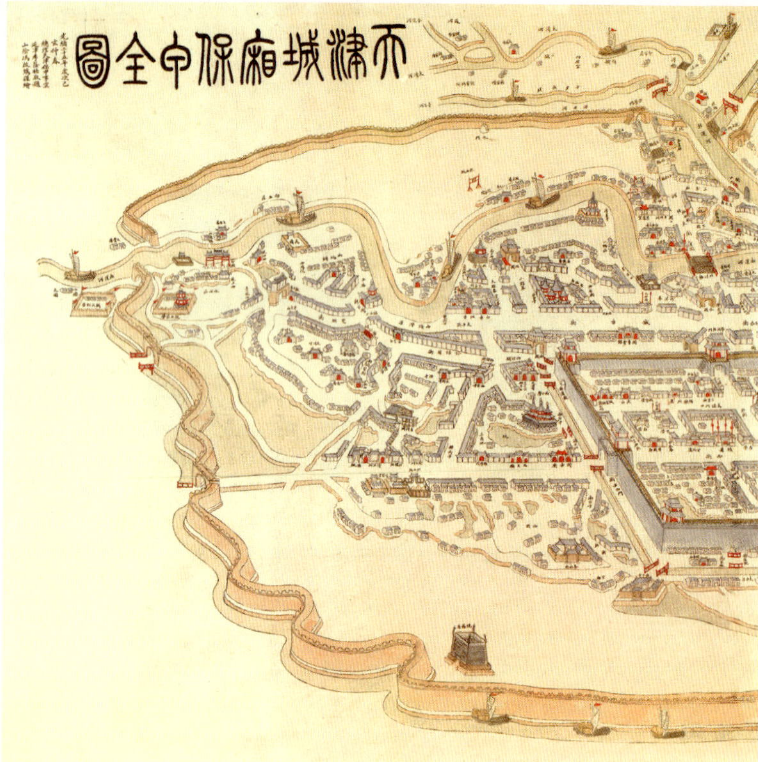

天津城厢保甲全图（左半部）

清代的乡里组织承前代而有新的发展，主要为保甲。乡里组织系指存在于乡间，管理、经办乡间有关重要事务的组织。

Sunday

Dec. 16

2018

2018 年

12 月 16 日

16

农历戊戌年・十一月初十

星期日

天津城厢保甲全图（右半部）

保甲制度是中国古代基层社会的一项重要的制度，是官治行政末梢在乡村社会的延伸。自宋代以来，国家对乡村社会的控制呈步步增强之势。

Monday

Dec. 17

2018

2018 年

12 月 17 日

17

农历戊戌年・十一月十一

星期一

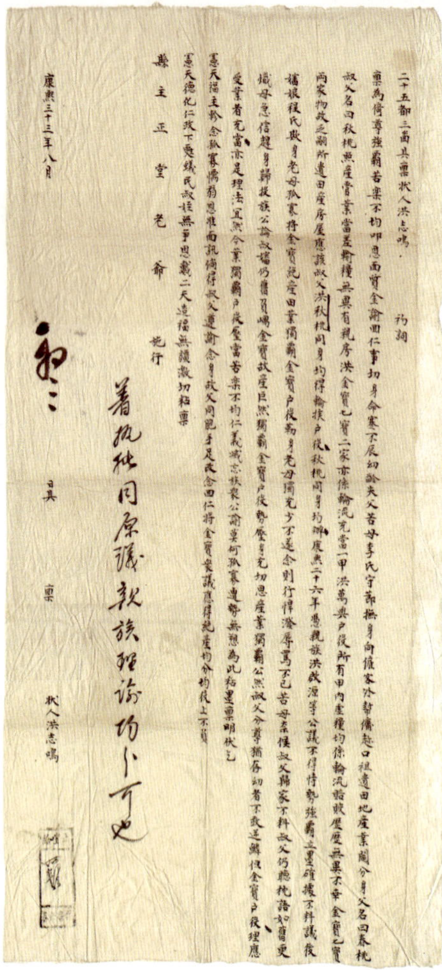

康熙三十三年诉状[*]

诉状是由讼师代当事人拟写的诉讼文书，又叫呈状、禀状，往往钤有官代书戳记。清代早期诉状极为罕见，从这份康熙时期诉状可知，清代早期官代书戳记为长方形，中期以后才演变为梯形。

*图文来源于《中国法律评论》2014年第3期（总第1期），作者为尹伊君。

Tuesday

Dec. 18

2018

2018 年

12 月 18 日

18

农历戊戌年・十一月十二

星期二

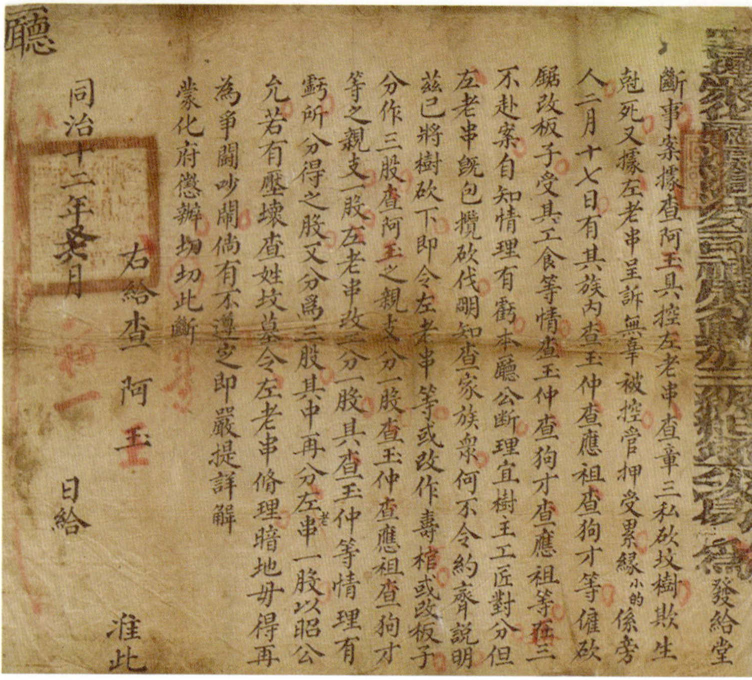

廳

發給堂

斷事案據查阿玉具控左老串查章三私砍坟樹欺生
尅死又據左老串呈訴無辜被控管押受累緣小的係旁
人二月十七日有其族內查玉仲查應祖查狗才等僱砍
屬改板子受其工食等情查玉仲查狗才查應祖等在三
不赴案自知情理有虧本廳公斷理宜樹主工匠對分但
左老串既包攬砍伐明知查家族衆何不令約齊說明
茲已將樹砍下即令左老串等或改作壽棺或改板子
分作三股查阿玉之親支分一股查玉仲查應祖查狗才
等之親支一股左老串改二分一股其查玉仲等情理有
虧所分得之股又分爲三股其中再分左老串一股以昭公
允若有壓壞查姓坟墓令左老串脩理轄地毋得再
爲爭鬪吵鬧倘有不遵定即嚴提詳觧
蒙化府懲辦切切此斷

右給查阿玉 准此

同治十二年八月 日給

同治十二年堂断 *

堂断是官府对诉讼案件所作的最终判决，相当于判决书。历史上，一些重视判案的官吏将自己所下的判词汇集成书，称为判牍书，已非文书原貌。

*图文来源于《中国法律评论》2014年第3期（总第1期），作者为尹伊君，有删节。

Wednesday

Dec. 19

2018

2018 年

12 月 19 日

19

农历戊戌年・十一月十三

星期三

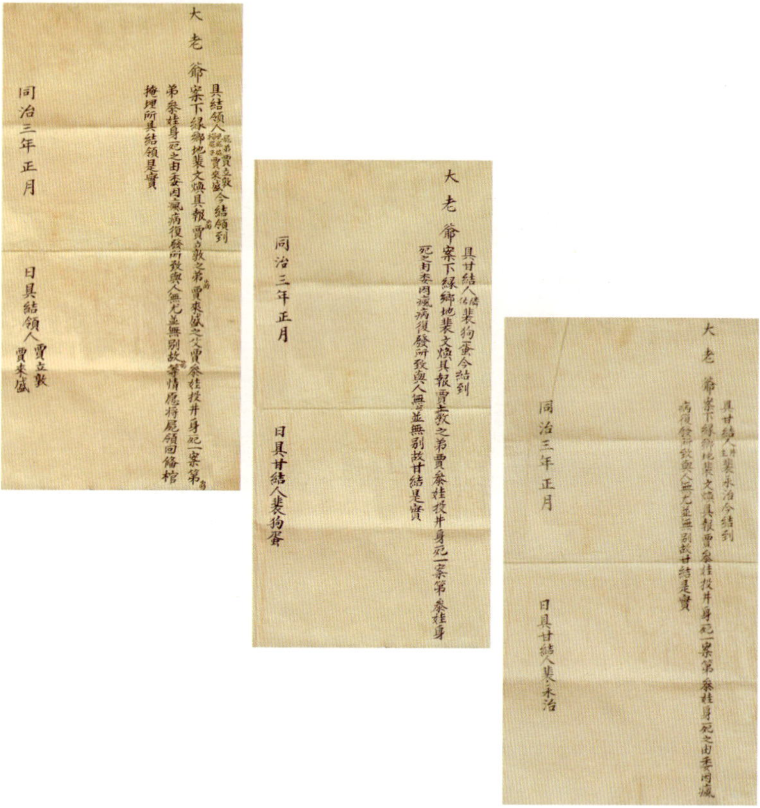

具結領人賈立敦賈來盛今結領到
大老爺案下緣鄉地裴文煥具報賈立敦之弟賈來盛之子賈叅娃投井身死一案第弟叅娃身死之由委因瘋病復發所致與人無尤並無別故等情應將屍領回備棺掩埋所具結領是實
同治三年正月　日具結領人賈立敦　賈來盛

具甘結人裴狗蛋今結到
大老爺案下緣鄉地裴文煥具報賈立敦之弟賈叅娃投井身死一案第叅娃身死之由委因瘋病復發所致與人無尤並無別故甘結是實
同治三年正月　日具甘結人裴狗蛋

具甘結人裴永治今結到
大老爺案下緣鄉地裴文煥具報賈叅娃投井身死一案第叅娃身死之由委因瘋病復發所致與人無尤並無別故甘結是實
同治三年正月　日具甘結人裴永治

同治三年甘结状 *

甘结是案件当事人达成息诉后具结的文书，是中国古代司法追求的理想境界。这些千篇一律、格式雷同、没有当事人画押的甘结状，似乎更像在司法官吏授意下达成的。

*图文来源于《中国法律评论》2014年第3期（总第1期），作者为尹伊君。

Thursday

Dec. 20

2018

2018 年

12 月 20 日

20

农历戊戌年・十一月十四

星期四

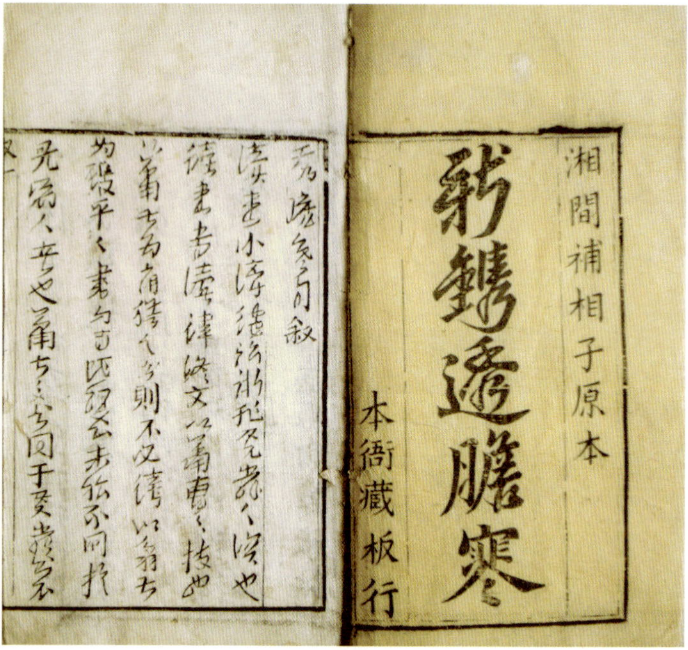

清代讼师秘本《透胆寒》*

清代流传于民间的讼师秘本，专门教唆官司，将一般民事案件夸大为血腥暴力的刑事案件，采用四字珠语方式，讼师代写的诉状上多使用这类词语。

*图文来源于《中国法律评论》2014年第3期（总第1期），作者为尹伊君。

Friday

Dec. 21

2018

2018 年

12 月 21 日

21

农历戊戌年・十一月十五

星期五

清代官府颁给讼师的官代书戳记*

清代官府每年经考核颁发给民间讼师用于代写诉状后钤盖于上的戳记，木质无柄，中间刻有连绵体公生明等官箴语，用于防伪。

*图文来源于《中国法律评论》2014年第3期（总第1期），作者为尹伊君。

Saturday

Dec. 22

2018

2018 年

12 月 22 日

冬至

22

农历戊戌年 · 十一月十六

星期六

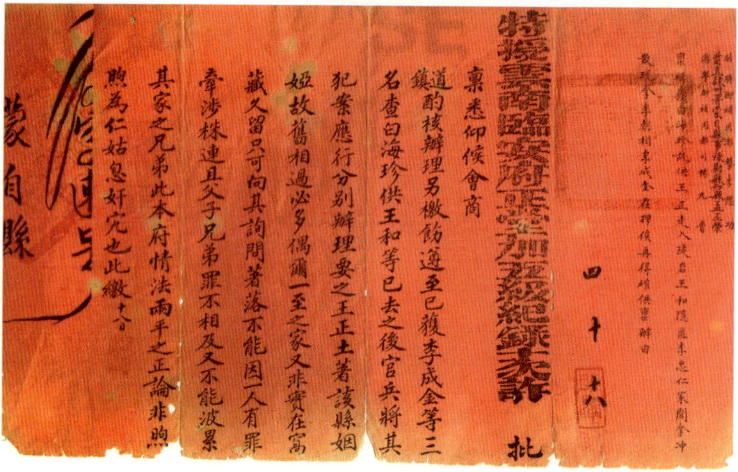

清代稟文及正堂批示[*]

稟是用于向上级报告某一事项的公文，分红稟和白稟，上级可在稟文后作出批示。此即临安府正堂在下级报告某一案件的红稟后所作的批示。

*图文来源于《中国法律评论》2014年第3期（总第1期），作者为尹伊君。

Sunday

Dec. 23

2018

2018 年

12 月 23 日

23

农历戊戌年・十一月十七

星期日

清代刑部直隶司副郎职衔牌*

清代刑部是负责全国司法事务及案件的职能部门，直隶司职掌直隶地方送部案件的审核，是刑部第一大司，副郎即员外郎。此为刑部直隶司员外郎职衔牌，立于衙门公堂，表明身份。

*图文来源于《中国法律评论》2014年第3期(总第1期)，作者为尹伊君。

Monday

Dec. 24

2018

2018 年

12 月 24 日

24

农历戊戌年·十一月十八

星期一

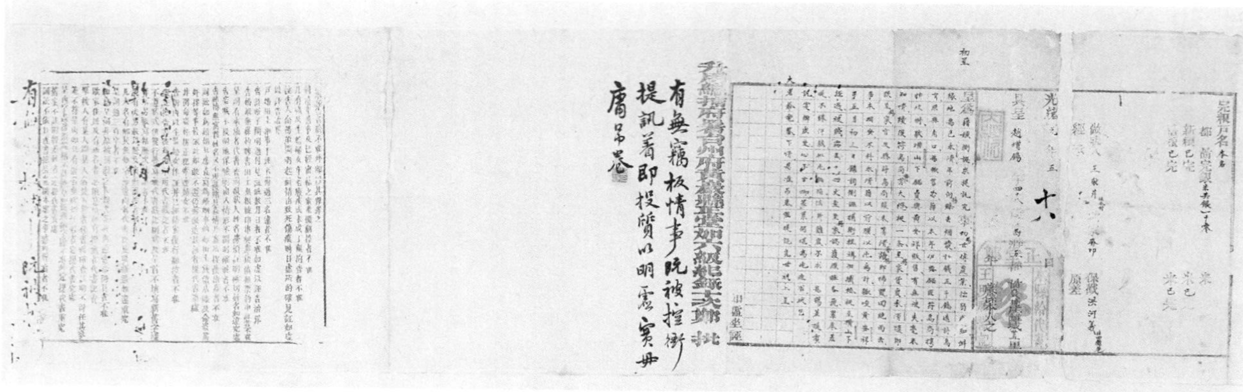

黄岩诉讼档案 1*

此诉讼为，光绪元年（公元1875年）五月十八日，赵增锡呈为籍嫌侧诬求提讯究事。

* 图文来源于田涛、许传玺、王宏治主编：《黄岩诉讼档案及调查报告》，法律出版社 2004 年版。

Tuesday

Dec. 25

2018

2018 年

12 月 25 日

25

农历戊戌年・十一月十九

星期二

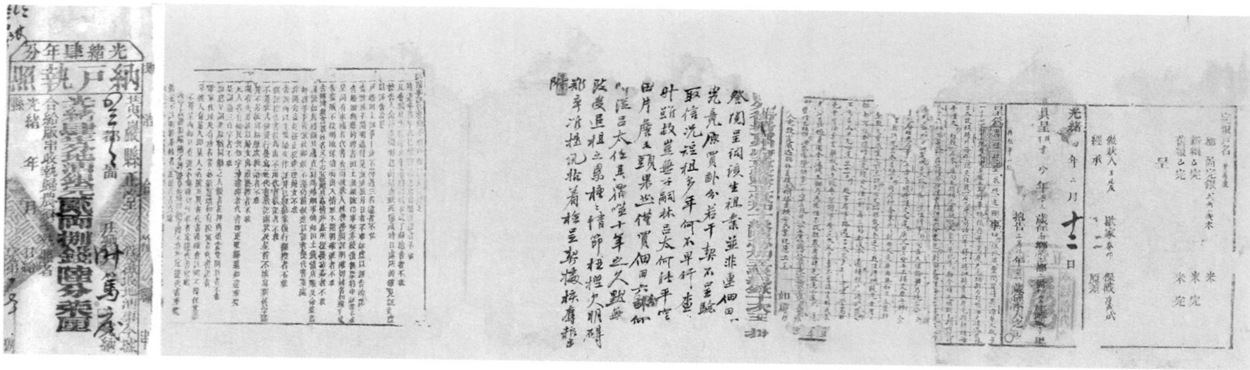

黄岩诉讼档案 2[*]

此诉讼为，光绪四年(公元 1878 年)二月十二日，叶珍呈为霸噬肆蛮求提追办事（附纳户执照一件）。

* 图文来源于田涛、许传玺、王宏治主编：《黄岩诉讼档案及调查报告》，法律出版社 2004 年版。

Wednesday

Dec. 26

2018

2018 年

12 月 26 日

26

农历戊戌年 · 十一月二十

星期三

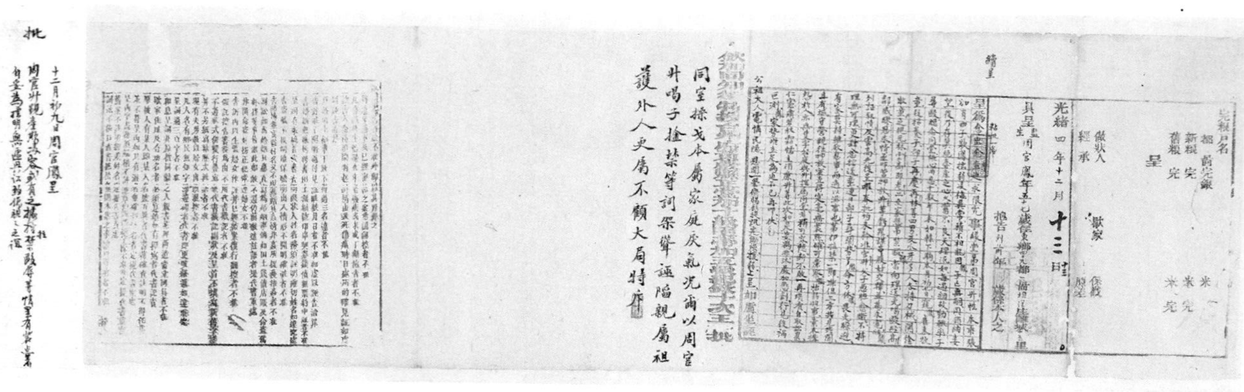

黄岩诉讼档案 3*

此诉讼为，光绪四年（公元 1878 年）十二月十三日，周官凤呈为愈出愈蛮迫求限究事（附批单一件）。

* 图文来源于田涛、许传玺、王宏治主编：《黄岩诉讼档案及调查报告》，法律出版社 2004 年版。

Thursday

Dec. 27

2018

2018 年

12 月 27 日

27

农历戊戌年・十一月廿一

星期四

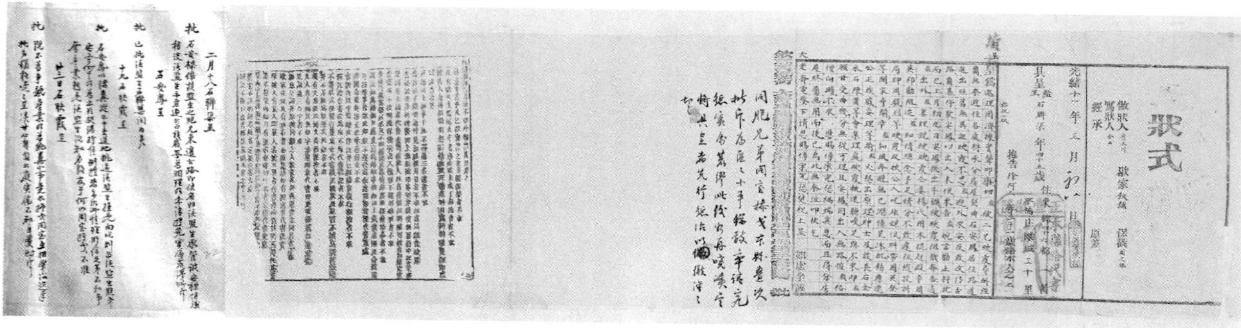

黄岩诉讼档案 4*

此诉讼为，光绪十一年（公元 1885 年）三月初八日，石联渠呈为邀理罔济据实声叩事（附批单一件）。

*图文来源于田涛、许传玺、王宏治主编：《黄岩诉讼档案及调查报告》，法律出版社 2004 年版。

Friday

Dec. 28

2018

2018 年

12 月 28 日

28

农历戊戌年 · 十一月廿二

星期五

黄岩诉讼档案 5*

此诉讼为，光绪十二年（公元 1886 年）四月十三日，管黄氏呈为家被失窃报明饬追事（附失单一件）。

* 图文来源于田涛、许传玺、王宏治主编：《黄岩诉讼档案及调查报告》，法律出版社 2004 年版。

Saturday

Dec. 29

2018

2018 年

12 月 29 日

29

农历戊戌年・十一月廿三

星期六

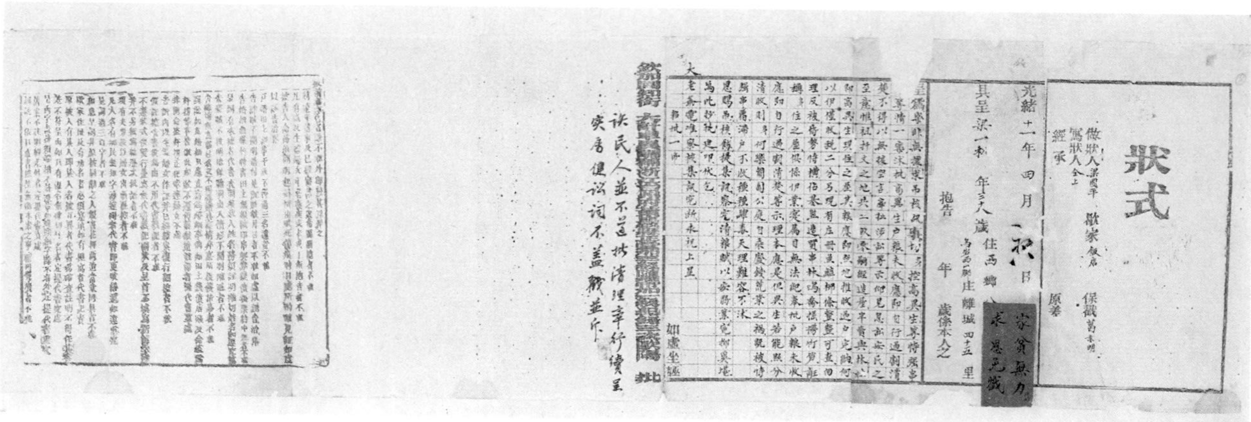

黄岩诉讼档案 6*

此诉讼为，光绪十一年（公元1885年）四月初八日，梁一松呈为案非无据求吊核讯事。

* 图文来源于田涛、许传玺、王宏治主编：《黄岩诉讼档案及调查报告》，法律出版社 2004 年版。

Sunday

Dec. 30

2018

2018 年

12 月 30 日

30

农历戊戌年 · 十一月廿四

星期日

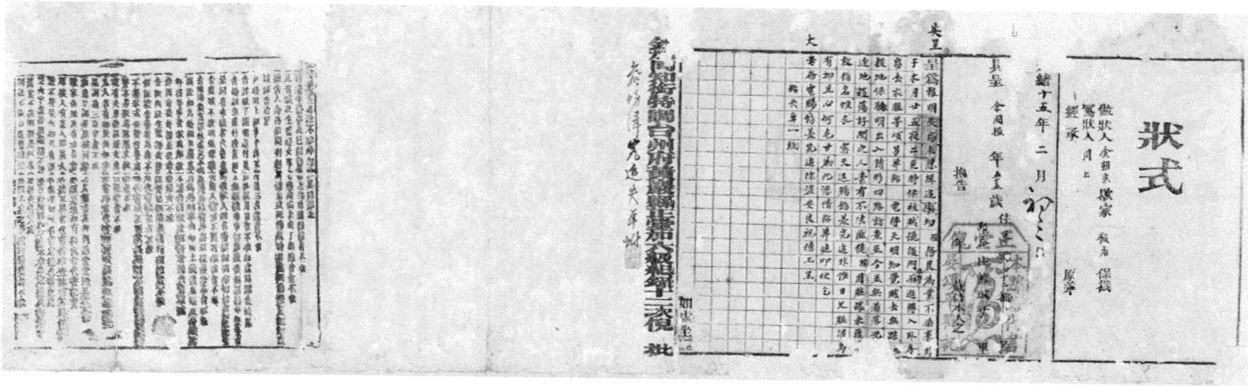

黄岩诉讼档案 7*

此诉讼为，光绪十五年（公元 1889 年）二月初三日，余国楹呈为报明失窃求恩缉追事。

* 图文来源于田涛、许传玺、王宏治主编：《黄岩诉讼档案及调查报告》，法律出版社 2004 年版。

Monday　　　　　　　　　　　　　　　　　　　　2018 年

Dec. 31　　　　　　　　　　　　　　　　　　　12 月 31 日

2018

31

农历戊戌年・十一月廿五

星期一

编后记

中华文明经历了五千多年的历史变迁，中华法律制度、法律思想、法律精神、法律智慧是中华文明的重要组成部分。以现代法治文明为参照，中华法律作为支撑封建皇权制度国家统治、社会治理的规则体系，已成为特定时代的法律文化资源。但是，承载了中华法律文明的文献、器物，同样深深镌刻着本民族独特的历史、文化、社会生活的印记，成为中华民族法律与法治独特的精神标识。

中华法律文化的资源需要扬弃，而那些与现代法治文明契合的法律精神、理念，那些根植于本民族社会生活的成熟治理经验和法律智慧也需要传承和传播。无论是扬弃、传承，还是传播，梳理中华法律文化资源成了一项基础性工作。

这是一次旨在梳理中华法律文明的“创新表达方式”的尝试。编者的初衷是为“古代中国的法律世界”每一起重要法律事件配上对应的图片。把古代历史的长度标记在有文献和器物佐证的商周时代起一直到明清时代。

由于古代遗留下来与法治相关的图片异常稀少，原本打算的全景式的“以文配图”，只能折衷成可以集成内容的“以图配文”；一部试图呈现“古代中国的法律世界”的画卷，最后也折中成了一部日历版的“古代中国法律和治理简史”。尽管如此，编者始终不忘初心，极力选取那些“开卷有益”的素材，让日历的每一页变得更为鲜活、有趣、生动。希望读者通过阅读本日历，完成一次有趣的中国法律和法治历史之旅。

本日历的文字部分，是编者在中国史和中国法律史专家研究成果的基础上辑成，按照朝代顺序编排。编者对每一个词条，尽力博采众家研究之长，精心斟酌每一项词条的内在逻辑。

本日历的图文，力图体现历史原貌，为了能给读者带来更多、更美、更接近历史真实的视觉愉悦，编者广泛搜索了十几家博物馆和收藏馆的作品。但在浏览了几万幅绘画和各类文物图片后，发现能够放进这本中国法律主题日历的配图作品十分稀少。

尚需说明的是，当有些关键历史事件的词条无法放弃，但可以匹配的绘画或其他文物难以收集时，编者也不得不选择变通，仍然以那个时代的绘画来演绎相关词条的内涵。

编者竭力打造一本集中国古代治理思想、法律制度精髓与文物艺术品于一体的作品。但是，编者力所不逮，恳请各位方家不吝赐教指正。

本日历的大部分词条有幸得到了北京大学法学院中法史专家李启成教授的审阅指点。在此特别鸣谢！

贺维彤

图书在版编目(CIP)数据

法韵中华：古代篇 / 法文化创意产品中心编著. --
北京：法律出版社, 2017
ISBN 978-7-5197-1716-2

Ⅰ.①法…　Ⅱ.①法…　Ⅲ.①法制史－研究－中国－
古代　Ⅳ.①D929.2

中国版本图书馆CIP数据核字(2017)第293611号

法韵中华：古代篇
FAYUN ZHONGHUA：GUDAI PIAN

法文化创意产品中心编著
编者 / 贺维彤

策划统筹 张宇东　戴　伟
责任编辑 周　洁
装帧设计 乔智炜　李　瞻
特邀营销编辑 张心萌　徐　印

出版 法律出版社
总发行 中国法律图书有限公司
经销 新华书店
印刷 中煤(北京)印务有限公司
责任印制 沙磊

开本 787毫米×1092毫米 1/32
印张 23.75
字数 630千
版本 2017年11月第1版
印次 2017年11月第1次印刷

法律出版社/北京市丰台区莲花池西里7号(100073)
电子邮件/info@lawpress.com.cn
网址/www.lawpress.com.cn
销售热线/010－63939792/9779
咨询电话/010－63939796

中国法律图书有限公司/北京市丰台区莲花池西里7号(100073)
全国各地中法图分、子公司电话：
第一法律书店/010－63939781/9782
重庆公司/023－65382816/2908
北京分公司/010－62534456
西安分公司/029－85388843
上海公司/021－62071010/1636
深圳公司/0755－83072995

书号： ISBN 978-7-5197-1716-2　**定价：** 148.00元
(如有缺页或倒装，中国法律图书有限公司负责退换)